Themen und Probleme der Geschichte

Arbeits- und Quellenheft für die Kollegstufe

Industrielle Revolution und Industriegesellschaft

Herausgegeben von Prof. Dr. Hermann de Buhr
und Michael Regenbrecht

Lehrerheft

Cornelsen
HIRSCHGRABEN

Inhalt

Umschlagentwurf: Atelier Krist/Böttcher, Frankfurt am Main

1. Auflage 1985

Satz: R. Hurler GmbH, Notzingen
Druck: Saladruck, Berlin
ISBN 3-454-59665-3
Vertrieb: Cornelsen Verlagsgesellschaft, Bielefeld
Bestellnummer 596653

I. Einführung in das Thema

1. Begründung und Abgrenzung des Themas

Die Industrielle Revolution stellt nicht nur in der europäischen Geschichte, sondern in der gesamten Menschheitsentwicklung einen tiefen Einschnitt dar, der sich vielleicht nur mit dem Übergang vom Jäger- und Sammlerdasein zum seßhaften Bauerntum vergleichen läßt (Neolithische Revolution)[1]. Die Industrialisierung hat seitdem immer neue Innovationen und Prozesse nach sich gezogen, was zu einer vorher nie gekannten technischen und zivilisatorischen Beschleunigung geführt hat, die heute den industrialisierten Gesellschaften die Grenzen des Wachstums ins Bewußtsein rückt und sie vor erhebliche Probleme stellt. Neben der Sicherung des Friedens sind diese Probleme eine der größten Herausforderungen unserer Zeit. Von daher gewinnt die Thematik ihre aktuelle Bedeutung. Sie ist deshalb in den Lehrplänen und Richtlinien der gymnasialen Oberstufe (Sekundarstufe II) aller Bundesländer aufgeführt. Die Untersuchung dieser Thematik soll dem Schüler helfen, „die technisch-wissenschaftliche Bestimmtheit der heutigen Welt" und viele Probleme unserer Gegenwart besser zu erfassen und ihnen gegenüber kritisch Stellung zu beziehen[2].
Schwerpunktmäßig werden in dem vorliegenden Arbeitsheft die Anfänge der Industrialisierung in England und in Mitteleuropa behandelt. Doch muß der Industrialisierungsprozeß insgesamt als Einheit begriffen werden, der in den einzelnen Ländern zwar unterschiedliche Ausprägungen fand, aber doch recht ähnliche Umbrüche erzeugt und vergleichbare Probleme aufwirft. Die Wurzeln der Industrialisierung und für das „Wachstumsdenken" gehen dabei weit zurück; sie verdichteten sich aber im 18. Jahrhundert, wo sowohl das Bevölkerungswachstum als auch vorindustrielle Krisen und eine wissenschaftlich-technische Revolution zu wesentlichen Triebkräften für die Industrialisierung wurden, die es hier zu untersuchen gilt.
Nach diesen Anfängen der Industrialisierung in der zweiten Hälfte des 18. Jahrhunderts wird es immer schwieriger, die Thematik räumlich und zeitlich einzugrenzen, weil die Industrialisierung auf alle Bereiche des Lebens einwirkte und eine zunehmende Beschleunigung entwickelte. Zwar liegt der Schwerpunkt des Arbeitsheftes im 19. Jahrhundert, wo sich die wesentlichen neuen wirtschaftlichen, sozialen, politischen und kulturellen Strukturen ausprägten, doch muß man die Entwicklungen unbedingt bis zur Gegenwart weiterverfolgen, da sie erst hier zu ihrer vollen, für die Menschheit existentiellen Bedeutung anwuchsen und zu kritischen Entscheidungen herausfordern. Neben der sorgfältigen Analyse der historischen Entwicklung stellt die Diskussion dieser aktuellen industriellen und ökologischen Problematik ein wesentliches Lernziel dieser Einheit dar. Erst von der offenen und kritischen Diskussion dieser Fragen her kann der Geschichtsunterricht auch seiner Aufgabe einer politisch-sozialen Erziehung gerecht werden.

2. Lerninhalte

Das Quellen- und Arbeitsheft versucht den Schüler an unterschiedliche Grundformen historischer Untersuchung heranzuführen, wobei vor allem das strukturierende Verfahren zur Untersuchung unterschiedlicher Problemkreise im Vordergrund steht. Dabei darf die Kenntnis der historischen Ereignisse und Prozesse freilich nicht vernachlässigt werden, wozu die chronologisch-genetische Betrachtungsweise dient.
Der Begriff „Industrielle Revolution" wurde von Friedrich Engels geprägt und von Arnold Toynbee übernommen. Er soll die grundlegenden wirtschaftlichen, sozialen, politischen und soziokulturellen Wandlungsprozesse charakterisieren, die sich zunächst im England des 18. Jahrhunderts und in der Folge auch in Mitteleuropa und in anderen Ländern abspielten. Dabei ist zu berücksichtigen, daß bereits im 18. Jahrhundert viele Gesellschaften in eine wirtschaftliche und gesellschaftliche Krisensituation hineinwuchsen, die sich sowohl sozial – im Ansteigen der Bevölkerungszahlen, mit Nahrungsmittelengpässen (Hungerkrisen) und im Anwachsen der Unterschichten – als auch politisch in der Krise des Feudalismus (Französische Revolution) äußerten.

2.1 Die Industrialisierung in England

Wenn man die Frage beantworten will, warum die Industrielle Revolution im letzten Viertel des 18. Jahrhunderts ihren Ausgang gerade in England nahm, so muß man auf ein vielfältiges Geflecht von Ursachenbereichen und Vorbedingungen zurückgreifen, die untereinander in einem dichten Interdependenzverhältnis standen.
Die nur nach dem Meer hin offene Insel mit ihrem einheitlichen und, im Gegensatz zu Deutschland, nicht durch Binnenzölle zersplitterten Wirtschafts- und Staatsgebiet war ein günstiger Boden für einen solchen technischen wie auch gesellschaftlichen Umbruch. Man mußte in der Technik der Produktion Fortschritte erzielen, um den weltweiten Aufgaben, die sich dem Inselvolk immer herausfordernder stellten, gerecht zu werden. Die Gesellschaftsstrukturen waren aber auch so durchlässig, daß sich von hier der Entwicklung keine allzu großen Hindernisse in den Weg stellten. In England hatte schon seit langem jedermann, der über Geld verfügte, die Möglichkeit, Grund und Boden zu erwerben. Die Folge war, daß es hier keine festge-

fügte adelige Herrschaftsschicht gab. Landbesitz verschaffte im Prinzip jedem gesellschaftlichen Aufstieg und damit auch politische Einflußmöglichkeiten. Diese offene Gesellschaftsstruktur wurde noch dadurch gefördert, daß nur die erstgeborenen Söhne des Adels Rang und Titel behielten, während die nicht erbberechtigten zur gentry (Oberschicht in den englischen Grafschaften) zählten, die sich aus niederem Adel, bürgerlichen und geistlichen Grundbesitzern zusammensetzte, oder berufliche Tätigkeiten in den „middle ranks" aufnahmen. Die englische Gesellschaft war also offen in beiden Richtungen, nach oben und nach unten. Zum einen förderte dieser Umstand den sozialen Wettbewerb, zum anderen prägte er dem Adel ausgesprochen bürgerliche Züge auf. Eine selbstbewußte Bourgeoisie, die in Opposition zur Aristokratie stand – wie z. B. in Frankreich –, hatte sich nicht ausgebildet. In England standen sich Adel und die Schichten des Bürgertums (großbürgerlicher Großgrundbesitz, kaufmännisches Großbürgertum) in ihren kommerziellen Einstellungen und in ihren wirtschaftlichen Interessen zu nahe. Die von calvinistischer Ethik beeinflußte Wirtschaftsgesinnung mit ihrer hohen Wertung von Fleiß, Sparsamkeit und Kapitalbildung und die Ideen des ökonomischen Liberalismus mit seinen Zielen der Steigerung des Wohlstandes war bei beiden stark verbreitet.

Ein weiteres wesentliches Moment für die Industrielle Revolution bildete das seit Mitte des 18. Jahrhunderts in England zu beobachtende starke Bevölkerungswachstum. Von 1780 bis 1851 verdreifachte sich die Bevölkerung von England und Wales von ca. 6,3 Mio. auf ca. 21 Mio. Als Ursachen werden in der Forschung medizinischer Fortschritt, wachsender Wohlstand und bessere Ernährung, wachsende Mobilität und ökonomische Faktoren (Produktionszwang, Effektivitäts- und Profitdenken, Schaffung von Arbeitsplätzen) angegeben. Folge dieser Entwicklung war eine Erhöhung der Binnennachfrage und damit eine Ausweitung des Binnenmarktes. Gleichzeitig mit der „Bevölkerungsexplosion" vollzog sich im gleichen Zeitraum eine erhebliche Bevölkerungsverschiebung vom dichtbesiedelten Süden hin zu den neuen industriellen Zentren im Nordwesten Englands. Diese Bevölkerungsverschiebung manifestierte sich in einer zunehmenden Verstädterung. Ende des 18. Jahrhunderts zählte man in England und Schottland neben London sieben weitere Großstädte mit mehr als 50 000 Einwohnern (Manchester, Edinburgh, Glasgow, Liverpool, Birmingham, Bristol, Leeds).

Ein für die Gesamtentwicklung wesentlicher Faktor war auch die englische „Agrarrevolution" mit ihren tiefgreifenden Veränderungen in der Landwirtschaft. Durch bessere Ausnutzung des Bodens durch Fruchtwechsel, Urbarmachung von Brach- und Ödland unter Anwendung der Erkenntnisse der Agrartechnik, Einhegungen, Einsatz neuer Maschinen (Sämaschine, Dreieckpflug, Dreschmaschine), rationelle Viehwirtschaft und kapitalintensive Produktion in Großbetrieben wurde die englische Agrarproduktion zwischen 1700 und 1800 verdreifacht. Durch diese Produktionszunahme konnte die erhöhte Nachfrage infolge des Bevölkerungswachstums befriedigt werden. Doch wurde dieser Erfolg teuer erkauft. Das englische Klein- und Mittelbauerntum verschwand, und die Landarbeiterschaft fristete ein elendes Dasein. Zudem führte der Einsatz von Maschinen in der Landwirtschaft zur Freisetzung von Arbeitskräften, die die gewerbliche Nachfrage nach Arbeitskräften befriedigte. Auf der anderen Seite führten die tiefgreifenden Veränderungen zu vermehrter Landkonzentration und Kapitalakkumulation in den Händen des adligen und bürgerlichen Großgrundbesitzes. Diese Agrarier reinvestierten ihre Gewinne entweder in ihre landwirtschaftlichen Großbetriebe oder legten sie – in unternehmerischer Risikobereitschaft – in der Industrie oder im Infrastrukturbereich an.

Eine weitere Bedingung für den englischen Industrialisierungsprozeß war der Außenhandel. Durch die Monopolstellung Englands als See-, Handels- und Kolonialmacht verfügte die britische Wirtschaft über weite überseeische Märkte. Ihr Handelsmonopol bedeutete die Ausschaltung der wirtschaftlichen Konkurrenz in den beherrschten Gebieten und folglich die Abhängigkeit derselben von den Produkten der englischen Industrie. Dafür mußten diese der englischen Wirtschaft Rohstoffe (z. B. Baumwolle) zu Niedrigstpreisen liefern. Da der britischen Wirtschaft somit ein Markt mit erheblicher Aufnahmekapazität zur Verfügung stand, der zu einer Ausweitung des Binnen- und Außenmarktes und damit auch zu maximaler Produktionssteigerung herausforderte, konnte sich die Industrialisierung in England schnell durchsetzen und ausbreiten.

Schließlich ermöglichten technische Neuerungen und Erfindungen (z. B. der mechanische Webstuhl, die Spinnmaschine, die Dampfmaschine, neue Verfahren der Kohle- und Eisenverarbeitung) den Durchbruch der Industriellen Revolution in England. Die Erfinder und Neuerer entstammten lokalen, naturwissenschaftlich und technisch orientierten Gesellschaftskreisen. Die Mehrzahl ihrer Neuerungen zielten auf den Bereich der Produktionstechnik, was sicherlich auf die gestiegene Nachfrage auf dem Binnenmarkt zurückzuführen war. Der rationale und rationelle Einsatz der technischen Innovationen (z. B. die Kombination von Kraft- und Arbeitsmaschinen) ermöglichte die Massenproduktion durch Maschinenkraft in Fabriken und eine neue Organisation der Arbeit, die Arbeitsteilung.

Nutznießer der technischen Innovationen waren in England, wie die gewaltigen Produktionssteigerungen zeigen, vor allem die Textil- und Eisenindustrie, die damit zu den beiden Leitsektoren des englischen Industrialisierungsprozesses wurden.

Die hohen Kosten, die der expandierenden englischen Wirtschaft aus der Beförderung zunehmender Mengen von Rohstoffen und Fertigwaren infolge eines ungenügenden vorindustriellen Verkehrs- und Transportsystems erwuchsen, machten den Ausbau und die Instandsetzung der Straßen, den Aufbau eines ausgedehnten Binnenschiffahrtssystems sowie den Aufbau eines weitverzweigten Eisenbahnnetzes notwendig. Vor allem der Eisenbahnbau belebte in der 1. Hälfte des 19. Jahrhunderts das industrielle Wachstum stark (Bauboom, Reduzierung der Produktionskosten für andere Industrien) und verschaffte der Industrie letztlich das Binnenverkehrssystem, das ihre Produktionsperspektiven vergrößerte (Erweiterung der lokalen Absatzmärkte, Erschließung neuer Binnen- und Außenmärkte), neue Wirtschaftskräfte weckte und zu neuen Spezialproduktionen anregte.

Auch im sozialen Bereich zeitigte der Industrialisierungsprozeß Folgen. Die alte Gesellschaftsordnung brach auseinander, was sich äußerlich in der Trennung der Wohnviertel zwischen den wohlhabenden Schichten und der Arbeiterschaft manifestierte. Traditionslosigkeit und Individualismus kennzeichneten den neuen Unternehmertypus und den neuen Arbeitertyp gleichermaßen. Die Veränderungen aber erschütterten die Wohlhabenden viel weniger als den Arbeiter. Während der Unternehmer die Chance des wirtschaftlichen und sozialen Aufstiegs und damit der Zugehörigkeit zu angesehenen Schichten hatte, waren für den Arbeiter gesellschaftliches Ansehen und menschliche Würde Utopien. Der Arbeiter erlebte mit unzähligen Männern, Frauen und Kindern die „Verwandlung" in einen Fabriksklaven bei miserabler Bezahlung und ohne Arbeitszeitbegrenzung. Die Maschine und die Uhr bestimmten nun den Tagesablauf der Industriearbeiter.

Die Fabriken waren ausschließlich nach den Erfordernissen der Maschinen, nicht der Menschen eingerichtet worden, ohne Schutzvorrichtungen, ohne Lüftungsanlagen. Der geringste Verstoß gegen die Fabrikordnung zog beträchtliche Lohnkürzungen oder sogar Kündigung für die Arbeiter nach sich. Not und Elend bestimmten den Alltag der Arbeiter. Sie drängten sich mit ihren Familien in alten Städten und neuen Industrieansiedlungen zusammen. Die Wohnverhältnisse und die sanitären Zustände waren hier wie dort so miserabel, daß sie geradezu Brutstätten für Seuchen wurden. Da die Frau, die Kinder und der Mann arbeiten mußten, um der Familie zumindest das Existenzminimum zu sichern, zerbrach auch die traditionelle Familiengemeinschaft innerhalb der Arbeiterfamilie. Die Arbeiter befanden sich schutz- und hoffnungslos gefangen in einer Welt, die sie unterdrückte, indem alle Rechte und alle Vorteile in den Händen der Herrschenden und Besitzenden lagen.

In ihrer verzweifelten Situation versuchten die Arbeiter, die keine geschlossene „Arbeiterklasse" darstellten, sondern in sehr unterschiedliche, abgegrenzte Gruppen zerfielen, durch verschiedene Aktionsformen eine Verbesserung ihrer sozialen und politischen Situation zu erreichen. Diese reichten von Hungerrevolten und Maschinenstürmerei in der Frühphase der Industrialisierung über Gewerkschaftsorganisationen auf der Grundlage der Ideen des Wirtschafts- und Sozialreformprogramms von Robert Owen bis zur Chartistenbewegung. Äußerlich endeten diese Aktionsformen meist mit einem Mißerfolg, was zumeist auf die Heterogenität der englischen Arbeiterschaft zurückzuführen war. Trotzdem wirkten sie auf unterschiedliche Weise auf die soziale (1842/1844 Arbeiterschutzgesetze, 1847 Einführung des Zehnstundentages, 1844 Gründung der Konsumgenossenschaften) und auch politische (1867/1884 schrittweise Einführung des Wahlrechts für die Arbeiterschaft) Reformbewegung in England ein, wobei die Chartistenbewegung besonders herausragte.

2.2 Die Industrialisierung in Deutschland

Im Vergleich zu anderen europäischen Ländern, z. B. zu England und Frankreich, hatte die Industrielle Revolution in Deutschland erst spät, nämlich Mitte des 19. Jahrhunderts, ihren vollen Durchbruch. Die wesentlichen Voraussetzungen für den Umbruch lagen schon vor. In der Landwirtschaft hatten sich seit dem Ende des 18. Jahrhunderts strukturelle Veränderungen – z. B. Modernisierung und Rationalisierung der Bodenkultur, in einzelnen Regionen Durchsetzung großflächiger und kapitalinstensiver Großbetriebe, Entstehung einer liberalen Marktwirtschaft zwecks Ertrags- und Gewinnsteigerung – vollzogen. Damit einher gingen auch qualitative Veränderungen der Rechtsverhältnisse auf dem Lande (Bauernbefreiung), die das notwendige Arbeitskräftepotential für die zukünftige industrielle Entwicklung freisetzten.

Die Veränderungen im Agrarbereich waren nicht ohne Einfluß auf das Bevölkerungswachstum, den Konsumanstieg, die Kapitalakkumulation, die beginnende Urbanisierung und frühe Binnenwanderung im Vorfeld der deutschen Industriellen Revolution. Liberale Ideen – u. a. Gewerbe- und Vertragsfreiheit, Freiheit der Berufswahl und des Eigentums, das Leistungsprinzip – hatten in das allgemeine Bewußtsein vor allem des Bürgertums Eingang gefunden. Indem das Bürgertum die Gedanken der Aufklärung und des Rationalismus sowie die Ideen des wirtschaftlichen und politischen Liberalismus mit den umwälzenden technischen Erfindungen verband, die zumeist erst durch Vermittlung über Belgien und Frankreich nach Deutschland gelangten, entwickelte es sich zum Träger bzw. Motor des industriellen Fortschritts.

Die innerdeutschen Zollschranken im partikularistisch ausgerichteten Deutschland waren mit der Gründung des Zollvereins – 1834 – als Übergangslösung für einen noch zu schaffenden deutschen Wirtschaftsgroßraum gefallen. Mit der Gründung von Banken – 1850/60 – und staatlichen Zuschuß- und Kreditinstituten für kapitalschwache Gewerbebetriebe trat eine Stabilisierung und Verbesserung des Geld- und Kreditwesens ein; nun lagen Investitionskapitalien für die Privatwirtschaft bereit. Ferner war der Ausbau des Verkehrswesens durch den Aufbau eines Eisenbahnnetzes seit 1835 im Gange. All diese Entwicklungen zeigen, daß der Weg zu einer modernen Volkswirtschaft in Deutschland schon geebnet war.

Nach einer Vorphase – ab 1835 – begann der Industrialisierungsprozeß in den 50er Jahren des 19. Jahrhunderts in Deutschland mit Vehemenz. Einige ökonomische Aspekte dieses Prozesses seien hier kurz aufgeführt. Seine qualitativen Veränderungen lassen sich an vier Merkmalen festmachen: 1. Neue Produktions- und Kommunikationsstrukturen kamen voll zum Zuge. 2. Rohstoffe wie Kohle und Eisen wurden nun intensiver gefördert, genutzt und verarbeitet als je zuvor. 3. Das Fabriksystem mit seiner zentralisierten, mechanisierten und arbeitsteiligen Produktion setzte sich im gewerblich-industriellen Bereich als Organisationsform durch. 4. Die freie Lohnarbeit wurde für einen Großteil der deutschen Bevölkerung zur bestimmenden Erwerbsform. Quantitativ zeichnete sich die Industrielle Revolution in Deutschland durch ein enormes Wirtschaftswachstum aus. Es blieb zwar bis 1914 durchgängig erhalten, verringerte jedoch zuweilen seine Geschwindigkeit oder unterlag erheblichen Schwankungen, die durch Wachstumsstörungen im industriellen und landwirtschaftlichen Bereich hervorgerufen wurden, deren Ursachen auf binnenwirtschaftlichem wie außenwirtschaftlichem Felde lagen. Ferner wies der Industrialisierungsprozeß regionale Unterschiede auf. Diese resultierten daraus, daß sich die Industrie – z. B. der Rohstoffversorgung und der Verkehrsbedingungen wegen – bei der Standortwahl auf bestimmte Regionen Deutschlands (z. B. das Ruhrgebiet, Saargebiet, Oberschlesien, Berlin-Brandenburg) konzentrierte, während sonst entweder relativ traditionelle Verhältnisse (z. B. Agrarwirtschaft oder handwerkliche Produktion) noch lange erhalten blieben oder sich durch den Ausbreitungseffekt der Industrie allmählich mitveränderten.

Innerhalb der Wirtschaftsbranchen rief die Industrielle Revolution in bestimmten zeitlichen Phasen Umgewichtungen hervor. Dominierten zunächst Textilindustrie, Schwerindustrie und Bergbau, so zeigte sich spätestens in den 90er Jahren, daß sich deren wirtschaftliche Dynamik abschwächte. An ihre Stelle setzten sich die Elektroindustrie, der Maschinenbau, die Großchemie und der nicht mehr zu übersehende Dienstleistungssektor als neue Leitsektoren. Insgesamt überwog die Produktionsgüterindustrie die Konsumgüterindustrie bei weitem.

Schließlich vollzog sich im Rahmen des Industrialisierungsprozesses ein Strukturwandel im Industriesystem selbst. Mit den 70er Jahren (Gründerkrise) setzte sich zunehmend der „organisierte Kapitalismus" (Herausbildung von Großunternehmen; Zusammenschluß der verschiedenen Branchen zu Kartellen und Syndikaten zwecks monopolistischer Preisabsprache und wirtschaftspolitischer Einflußnahme) und der Interventionsstaat (staatliche Wirtschaftsmaßnahmen zur konjunkturellen und gesellschaftlichen Stabilisierung) gegenüber dem reinen Wirtschaftsliberalismus (uneingeschränkter Wettbewerb) durch. In den 90er Jahren erreichte dieser Transformationsprozeß, der im verspäteten deutschen Industrialisierungsprozeß und im rasanten, aber stets ungleichmäßigen Wirtschaftswachstum mit seinen negativen Folgen für die deutsche Wirtschaft begründet lag, seinen Abschluß.

Das Ergebnis war zum einen der Wandel Deutschlands vom Agrar- zum Industriestaat. Zum anderen holte Deutschland aufgrund der Dynamik seines Industrialisierungsprozesses, der Modernität der Industrieanlagen und der Produktionsmethoden in kurzer Zeit seine relative ökonomische Rückständigkeit gegenüber seiner europäischen Konkurrenz auf und stieg zu einer führenden Wirtschaftsmacht auf.

Die relativ späte, aber dafür umso schnellere Entwicklung in Deutschland wurde eingeleitet von einer beispiellosen „Bevölkerungsexplosion". Von 1780 bis 1914 stieg die Bevölkerungszahl in zwei großen Schüben um mehr als das Dreifache an (1780–1830 von ca. 20 auf 30 Mio., 1870–1914 von ca. 40 auf ca. 70 Mio.). Eine allgemeine Liberalisierung der Lebensordnung, Fortschritte in der medizinisch-hygienischen Versorgung sowie die seit 1870 einsetzende relative Verbesserung der allgemeinen Lebensbedingungen sorgten für diesen raschen Bevölkerungsanstieg, der trotz sinkender Geburtenquoten ab 1880 sich fortsetzte. Als Grund dafür ist vor allem der Rückgang der Sterblichkeit anzusehen.

Parallel zur Entwicklung der Bevölkerung verliefen die Prozesse der Industrialisierung und Urbanisierung. Der erste Bevölkerungsschub bis 1830 konnte von der agrarwirtschaftlich strukturierten Gesellschaft in Deutschland noch nicht aufgenommen werden. Massenarbeitslosigkeit und Massenelend kennzeichneten die Situation auf dem flachen Lande (Pauperismus). Erst im Rahmen der beiden Industrialisierungswellen – ab 1850 bzw. ab 1870 – konnte der Bevölkerungsstrom durch eine erhebliche Ausweitung des Arbeitsplatzangebotes in einen geregelten Zustrom in die sich schnell entwickelnden modernen Industriestädte umgewandelt und dem Pauperismus weitgehend die Grundlage entzogen werden.

Der dynamischen Bevölkerungsentwicklung entsprach ein ebenso stürmischer Verstädterungsprozeß. Seit 1871 hatte sich der Anteil der Stadtbevölkerung an der Gesamtbevölkerung entscheidend verändert. Lebten um 1800 fast 80 % der Bevölkerung auf dem flachen Lande, so waren es 1914 nur noch 40 %. Der Verstädterungsprozeß kam insbesondere den industriellen Großstädten zugute, deren Anteil an der Gesamtbevölkerung sich fast vervierfachte.

In der deutschen Geschichte gab es nie zuvor eine annähernd so umfassende topographische und soziale Umschichtung wie z. Z. der zweiten großen Binnenwanderung, die als Ost-West-Fernwanderung vor allem für ein rasches Anwachsen der Städte in den neuen Industrieregionen an der Ruhr, in Sachsen, an der Saar und in Oberschlesien sorgte. Die neuen Industriegebiete und Stadtlandschaften veränderten die wirtschaftliche Struktur Deutschlands erheblich. Neue Schwerpunkte bildeten sich heraus; nicht mehr der agrarisch strukturierte Osten, sondern der industrialisierte und verstädterte Westen bestimmte die wirtschaftliche Zukunft Deutschlands. Entsprechend der Abnahme der Bevölkerung auf dem Lande verringerte sich auch die wirtschaftliche Bedeutung der Landwirtschaft, deren Situation sowohl durch eine permanente Strukturkrise seit den 70er Jahren als auch durch die „Leutenot“ und „Landflucht“ gekennzeichnet war. Ursache für die Abwanderung der Landbevölkerung in die Städte waren nicht allein der Anreiz höherer Löhne und die Hoffnung auf günstigere Aufstiegsmöglichkeiten in der modernen Industriegesellschaft, sondern auch die damaligen Verhältnisse auf dem Land selbst.

Der teifgreifende Strukturwandel in Deutschland beschränkte sich allerdings nicht nur auf den wirtschaftlichen Bereich, sondern erfaßte alle Lebensbereiche. An die Stelle der vormals ständischen Gesellschaft trat nun eine konfliktreiche und pluralistische Gesellschaft der Klassen und Verbände, in der die Emanzipationsbewegung der Arbeiterschaft von wesentlicher Bedeutung war. Im Zuge der Industrialisierung war die „Soziale Frage“ zu einem zentralen politischen Problem geworden.

Die „Soziale Frage“ lag in den niedrigen Einkommen der Arbeiter, in deren Abhängigkeit von einem geregelten Lohneinkommen, in der allgemeinen Herauslösung des Menschen aus seinen traditionellen Bindungen sowie in der Konzentration der Arbeitnehmer in den Städten (Urbanisierung und Proletarisierung) begründet. Vor allem für die Industriearbeiterschaft waren diese Probleme tiefgreifend. Diese litten besonders unter dem schrankenlosen Wirtschaftsliberalismus. Primitive und enge, nach ökonomischen Gesichtspunkten erstellte Mietskasernen und für Schwerstarbeit ein Lohn, der kaum zur Deckung der notwendigen Lebensbedürfnisse reichte, kennzeichneten die Industriewelt. Außerdem waren die Arbeiter bei wirtschaftlichen Krisen aufgrund mangelnder sozialer Absicherung und dem ständigen Konkurrenzdruck einer „industriellen Reservearmee“ in ihrer Existenz bedroht. Doch nicht nur existenzielle Nöte kennzeichneten die Situation der Menschen, die vom flachen Lande in die Industriestädte abgewandert waren. Mochten auch die ländlichen Verhältnisse bedrückend gewesen sein, so fiel den Arbeitern die geistige Umstellung, die mit dem Berufs- und Wohnungswechsel verbunden war, noch schwerer. Mit dem räumlichen Wechsel war auch eine Herauslösung der vormals ländlichen Arbeiterschaft aus den vertrauten heimatlichen Sitten und Gebräuchen sowie den traditionellen Bindungen erfolgt, die nun zu einer ausgesprochenen Desorientierung der betroffenen Menschen führte und deren Integration in die bestehende Industriegesellschaft erschwerte. Hier erwies sich die für die neuen Industriearbeiter weitgehend unbekannte Trennung von Wohn- und Arbeitsstätte als besonders einschneidend, die sich vor allem in den rasch und unkontrolliert wachsenden Industriestädten bemerkbar machte. Durch sie verstärkte sich der schon in der Stadt angelegte Dualismus von Privatheit und Öffentlichkeit. Erstmals verfügte der lohnarbeitende Mensch über einen autonomen privaten Bereich, der Raum für neue eigene Aktivitäten und Bindungen zuließ. Aus dem Spannungsverhältnis von Privatheit und Öffentlichkeit ergaben sich Ansätze zu einer neuen Form der „politischen Öffentlichkeit“, die zu neuen Integrationsformen der Arbeiterschaft führte (z. B. Gewerkschaften, lokale Genossenschaften als Selbsthilfeorganisationen, Sozialdemokratische Partei). Hier wurden Solidarität geweckt, ein neues Klassenbewußtsein vermittelt und Forderungen artikuliert, die sich gegen die autoritär-obrigkeitsstaatlichen Machteliten richteten. Die Lösung der „Sozialen Frage“ wurde zum politischen Problem. In der Auseinandersetzung um mehr oder weniger Demokratie sowie der Lösung der sozialen Probleme standen die Interessen der Arbeiterschaft und der herrschenden Eliten unvereinbar einander gegenüber.

Im Gegensatz zum sozioökonomischen Bereich vollzog sich auf dem politischen Gebiet kein adäquater, qualitativer Strukturwandel, der zu einer Änderung des politischen Systems im Sinne einer Parlamentarisierung oder zu einer demokratisch strukturierten Gesellschaft beitrug. Das feudal-konservative, monarchisch-bürokratische Herrschaftssystem blieb erhalten, getragen von autoritär-obrigkeitsstaatlichen, vorindustriellen Eliten des Großagrariertums, des Militärs, des Adels und der Beamtenschaft. Sie verteidigten, unter Verweis auf tradierte Herrschaftsansprüche (Legitimität), die überkommene Ordnung gegen die sozioökonomischen und politischen Folgen der Industrialisierung. Die politische Ohnmacht des Bürgertums kam ihnen dabei entgegen. Dieses hatte nach dem Scheitern der 48er Revolution und der Niederlage im preußischen Verfassungskonflikt – 1862–1866 –, der sogar zu einer Spaltung des Bürgertums (Nationalliberale, fortschrittliche Liberale) führte, seine direkten politischen Emanzipationsbestrebungen zugunsten der indirekten über den wirtschaftlichen Bereich aufgegeben. Die Verwirklichung nationaler Wünsche, die durch liberale Gesetzgebung geförderte wirtschaftliche Prosperität sowie Besitzinteressen gegenüber der erstarkenden politischen Arbeiterbewegung führten vor allem bei den neuen industriellen, nationalliberal gesinnten Kreisen des Bürgertums zu einem Interdependenzverhältnis mit dem politischen System und seinen vorindustriellen Trägern. Denn nur dieses feudal-konservative, monarchisch-bürokratische Herrschaftssystem, das den bürgerlichen Kreisen zumindest zwei liberale Forderungen, nämlich die nationale Einheit und ökonomische Freiheit, erfüllt hatte, war in ihren Augen fähig, das Geschaffene zu wahren. So gab die industrielle bürgerliche Elite ihre ursprüngliche politische Grundüberzeugung, selbst politischer Träger des Staates zu werden, aus wirtschaftlichen (Sicherung der wirtschaftlichen Prosperität und Handlungsfreiheit) und sozialen (Verhinderung der Emanzipation der Arbeiterschaft) Motiven auf und ging dazu über, sich in die bestehende Herrschaftsordnung einzufügen. Dies geschah umso bereitwilliger, je stärker der Aufstieg der sozialistisch orien-

tierten Arbeiterschaft die soziale Stellung des Bürgertums infrage stellte. Ihren Abschluß fand diese Entwicklung im wirtschaftlich-politischen Bereich in dem von konservativen und protektionistischen Interessen bestimmten Bündnis zwischen Kaisertum, Großagrariern und Großindustrie gegen die politische Arbeiterbewegung und liberale, freihändlerische Gruppen des Mittelstandes. Mochten auch bei diesem „historischen Kompromiß" gegensätzliche ökonomische Interessen, vor allem handelspolitische (Protektionismus: Agrarier; Export: Großindustrie), zwischen Agrariern und großindustriellem Bürgertum bestehen, in der Frage der Aufrechterhaltung der bestehenden Staatsordnung und der Abwehr revolutionärer (sozialistische Arbeiterbewegung) und emanzipativer politischer Bestrebungen (bürgerlicher Mittelstand) im Sinne einer Demokratisierung der Gesellschaft bestand jedoch zwischen beiden Gruppen eine nahtlose Übereinstimmung in Ziel und anzuwendenden Mitteln. Aus diesem Grund kennzeichnete ein Übergewicht an staatlich-autoritärer Machtausübung mittels einer konservativen Stabilisierungspolitik die politische Praxis des politischen Systems. Diese Politik, die durch Progressivität (Wahlrecht, Sozialpolitik, Wirtschaftsrecht), Repression (Kulturkampf, Sozialistengesetz) und Ablenkung innenpolitischen Emanzipationsdruckes nach außen (militante Risikopolitik, Imperialismus) gekennzeichnet war, sollte dem Staat einen Machtzuwachs erbringen und den gesellschaftlichen Status quo erhalten.
Die Industrialisierung in Deutschland vollzog sich also im Rahmen eines konservativ-autoritären Obrigkeitsstaates, in dem die vorindustriellen herrschenden Eliten einschließlich eines zunehmend sich feudalisierenden großindustriellen Bürgertums gegen das Entstehen sowohl einer liberal als auch demokratisch strukturierten Gesellschaft Widerstand leisteten. Dadurch wurde die politische und geistige Anpassung an die neue Industriegesellschaft über Gebühr hinausgeschoben. Mit dem Anwachsen der Arbeiterschaft und ihren Bestrebungen, sich gewerkschaftlich oder parteilich zu organisieren und ihre Interessen, Bedürfnisse und Forderungen im wirtschaftlichen und politischen Bereich zu artikulieren, verschärfte sich die Diskrepanz zwischen sozioökonomischer und politischer Entwicklung zunehmend. Die Gesellschaft des Kaiserreiches war von erheblichen Gegensätzen geprägt.

3. Literaturhinweise

3.1 Quellen

Emmerich, W. (Hg.): Proletarische Lebensläufe. Autobiographische Dokumente zur Entstehung der zweiten Kultur in Deutschland, Bd. 1: 1740–1914. (das neue buch, 50) Reinbek 1974
Engels, F.: Die Lage der arbeitenden Klassen in England. (dtv 6012) München 1973
Henning, H.: Quellen zur sozialgeschichtlichen Entwicklung in Deutschland von 1815–1860. (Sammlung Schöningh zur Geschichte und Gegenwart) Paderborn 1977
Pöls, W. (Hg.): Deutsche Sozialgeschichte. Dokumente und Skizzen, Bd. 1: 1815–1870. (Beck'sche Sonderausgaben) München [3]1979
Ritter, G. A. (Hg): Das deutsche Kaiserreich 1871–1914. Ein historisches Lesebuch. (Kl. Vandenhoeck-Reihe 1414) Göttingen [4]1981
Ritter, G. A. / Kocka, J. (Hg.): Deutsche Sozialgeschichte. Dokumente und Skizzen, Bd. 2: 1870–1914. (Beck'sche Sonderausgaben) München [3]1982
Steitz, W. (Hg.): Quellen zur deutschen Wirtschafts- und Sozialgeschichte im 19. Jahrhundert bis zur Reichsgründung. (Freiherr-vom-Stein-Gedächtnisausgabe. Neuzeit, 36) Darmstadt 1980
Steitz, W. (Hg.): Quellen zur deutschen Wirtschafts- und Sozialgeschichte von der Reichsgründung bis zum Ersten Weltkrieg, Darmstadt 1985.
Treue, W., u. a. (Hg.): Quellen zur Geschichte der industriellen Revolution. (Quellensammlung zur Kulturgeschichte, 17) Göttingen 1966

3.2 Allgemeine Darstellungen

Bergeron, L. / Furet, F. / Koselleck, R.: Das Zeitalter der europäischen Revolution 1780–1848. (FWG, 26) Frankfurt/M. 1969
Braun, R. u. a. (Hg.): Industrielle Revolution. Wirtschaftliche Aspekte. (NWB Geschichte, 50) Köln 1972
Braun, R. u. a. (Hg.): Gesellschaft in der industriellen Revolution. (NWB Geschichte, 56) Köln 1973
Büsch, O.: Industrialisierung und Geschichtswissenschaft. Ein Beitrag zur Thematik und Methodologie der historischen Industrialisierungsforschung. (Historische und pädagogische Studien, 10) Berlin [2]1979
Cipolla, C. M. / Borchardt, K. (Hg.): Europäische Wirtschaftsgeschichte, Bd. 3: Die industrielle Revolution; Bd. 4: Die Entwicklung der industriellen Gesellschaften. Stuttgart–New York 1976/77
Hobsbawm, E. J.: Die Blütezeit des Kapitals. Eine Kulturgeschichte der Jahre 1848–1875. (Fischer-TB 6404) Frankfurt/M. 1980
Landes, D. S.: Der entfesselte Prometheus. Technologischer Wandel und industrielle Entwicklung in Westeuropa von 1750 bis zur Gegenwart. Köln 1973
Palmade, G. (Hg.): Das bürgerliche Zeitalter. (FWG, 27) Frankfurt/M. 1975
Pollard, Sidney: Europa im Zeitalter der Industrialisierung. Eine Wirtschaftsgeschichte Europas 1750 bis 1980. Göttingen 1984

3.3 Industrialisierung in Großbritannien

Hobsbawm, E. J.: Industrie und Empire. Britische Wirtschaftsgeschichte seit 1750, 2 Bde. (es 315, 317) Frankfurt/M. 1969
Kluxen, K.: Geschichte Englands. Von den Anfängen bis zur Gegenwart. (Kröners TA 376) Stuttgart [2]1976
Rudé, G.: Die Volksmassen in der Geschichte. Unruhen, Aufstände und Revolutionen in England und Frankreich 1730–1848. Frankfurt/M. [2]1979
Thompson, E. P.: Plebeische Kultur und moralische Ökonomie. Aufsätze zur englischen Sozialgeschichte des 18. und 19. Jahrhunderts. (Ullstein Materialien 35046) Frankfurt/M. 1980

3.4 Industrialisierung in Deutschland

Abel, W.: Massenarmut und Hungerkrisen im vorindustriellen Deutschland. (Kl. Vandenhoeck-Reihe 1352) Göttingen ²1977

Abelshauser, W. / Petzina, D. (Hg.): Deutsche Wirtschaftsgeschichte im Industriezeitalter. Konjunktur, Krise, Wachstum. (Athenäum-Droste TB 7239) Königstein/Ts., Düsseldorf 1981

Aubin, H. / Zorn, W. (Hg.): Handbuch der deutschen Wirtschafts- und Sozialgeschichte, Bd. 2: Das 19. und 20. Jahrhundert. Stuttgart 1976

Borchardt, K.: Die industrielle Revolution in Deutschland (Serie Piper 40) München 1972

Fischer, W.: Wirtschaft und Gesellschaft im Zeitalter der Industrialisierung. Aufsätze – Studien – Vorträge (Kritische Studien zur Geschichtswissenschaft 1). Göttingen 1972

Grebing, H.: Geschichte der deutschen Arbeiterbewegung. Ein Überblick. (dtv 647) München ⁸1977

Henning, F.-W.: Die Industrialisierung in Deutschland 1800–1914. (UTB 145) Paderborn ⁵1979

Henning, F.-W.: Landwirtschaft und ländliche Gesellschaft in Deutschland, Bd. 2: 1750–1976. (UTB 774) Paderborn 1978

Henning, H.: Sozialgeschichtliche Entwicklungen in Deutschland von 1815–1860. (Sammlung Schöningh zur Geschichte der Gegenwart) Paderborn 1977

Hentschel, V.: Geschichte der deutschen Sozialpolitik 1880–1980. Frankfurt/M. 1983

Hohorst, G. / Kocka, J. / Ritter, G. A.: Sozialgeschichtliches Arbeitsbuch. Materialien zur Geschichte des Kaiserreiches 1870–1914. München 1975

Kellenbenz, H.: Deutsche Wirtschaftsgeschichte, Bd. 2: Vom Ausgang des 18. Jahrhunderts bis zum Ende des 2. Weltkrieges. (Beck'sche Sonderausgaben) München 1981

Kocka, J.: Unternehmer in der deutschen Industrialisierung. (Kl. Vandenhoeck-Reihe, 1412) Göttingen 1975

Kocka, J.: Die Angestellten in der deutschen Geschichte 1850–1980. Vom Privatbeamten zum angestellten Arbeitnehmer. (Sammlung Vandenhoeck) Göttingen 1981

Köllmann, W.: Bevölkerung in der industriellen Revolution. Studien zur Bevölkerungsgeschichte Deutschlands im 19. Jahrhundert. (Kritische Studien zur Geschichtswissenschaft 12) Göttingen 1974

Kuczynski, J.: Geschichte des Alltags des deutschen Volkes, Bd. 3: 1810–1870; Bd. 4: 1870–1918. Köln 1981

Langewiesche, D. / Schönhoven, K. (Hg.): Arbeiter in Deutschland. Studien zur Lebensweise der Arbeiterschaft im Zeitalter der Industrialisierung. (Sammlung Schöningh zur Geschichte der Gegenwart) Paderborn 1981

Marschalk, P.: Bevölkerungsgeschichte Deutschlands im 19. und 20. Jahrhundert. (es NF. 244) Frankfurt/M. 1984

Nipperdey, Th.: Deutsche Geschichte 1800–1866. Bürgerwelt und starker Staat. München 1983

Reulecke, J. / Weber, W. (Hg.): Fabrik – Familie – Feierabend. Beiträge zur Sozialgeschichte des Alltags im Industriezeitalter. Wuppertal ²1978

Reulecke, J. (Hg.): Die deutsche Stadt im Industriezeitalter. Beiträge zur modernen deutschen Stadtgeschichte. Wuppertal 1978

Rürup, R.: Deutschland im 19. Jahrhundert 1815–1871. Göttingen 1984

Rosenberg, H.: Große Depression und Bismarckzeit. Wirtschaftsablauf, Gesellschaft und Politik in Mitteleuropa (Ullstein Materialien 3239). Frankfurt/M. 1976

Stürmer, M.: Das ruhelose Reich. Deutschland 1866–1918 (Die Deutschen und ihre Nation, 3). Berlin 1983

Tilly, R. H. (Hg.): Deutsche Frühindustrialisierung. (Geschichte und Gesellschaft, H. 2) Göttingen 1979

Treue, W.: Gesellschaft, Wirtschaft und Technik Deutschlands im 19. Jahrhundert. In: Gebhardt, Handbuch der deutschen Geschichte. (dtv WR 4217) München ³1978

Wehler, H.-U. (Hg.): Moderne deutsche Sozialgeschichte. (NWB Geschichte, 10) Köln ⁶1981

Wehler, H.-U.: Das Deutsche Kaiserreich 1871–1918. (Kl. Vandenhoeck-Reihe 1380) Göttingen ⁴1980

II. Lernziele

1. Allgemeine Lernziele des Geschichtsunterrichts

„Auch für die gymnasiale Oberstufe gilt grundsätzlich der Doppelauftrag von Schule, sowohl Unterrichts- als auch Erziehungsaufgaben zu erfüllen. Dabei verweist der Begriff Unterricht primär auf die Vermittlung von Kenntnissen, Einsichten, Fertigkeiten, Fähigkeiten . . . Der Begriff der Erziehung verweist demgegenüber primär auf die Vermittlung sozialer Handlungsdispositionen und Verhaltensweisen.“[3]
In der Schulpraxis sind beide Ziele stets miteinander verzahnt und lassen sich kaum voneinander trennen. Das gilt auch für die vorliegende Unterrichtseinheit, in der allgemeine, fachliche und politisch-soziale Lernziele miteinander verknüpft sind. Das Thema erhält gerade vor dem Hintergrund der heute viel diskutierten Problematik, ob die Industriegesellschaft gleichsam vor einer neuen Revolution, der Automation, oder am Ende des Wachstums steht, seine Bedeutung. Dabei geht es um die Frage der historisch-politischen Standortbestimmung, die ohne die Untersuchung der historischen Grundlagen unserer heutigen Industriegesellschaft nicht möglich ist. Erst nach einer solchen Standortfindung eröffnen sich Perspektiven und Handlungsstrategien.
Eine wesentliche allgemeine Aufgabe im Unterricht stellt die wissenschaftspropädeutische Ausbildung dar. Der Schüler soll in die Lage versetzt werden, die „Prinzipien und Formen selbständigen Arbeitens“ zu beherrschen und „grundlegende wissenschaftliche Verfahrens- und Erkenntnisweisen“ anzuwenden.[4]
Die Quelleninterpretation[5] spielt dabei eine zentrale Rolle. Sie ist die Basis historischer Forschung und Erkenntnis und sollte deshalb auch im Geschichtsunterricht die vorherrschende Form des Arbeitens sein. Es geht hier zunächst um die genaue Einordnung der einzelnen Quellengruppen (Akten, Urkunden, Briefe, Berichte, Memoiren, Texte von zeitgenössischen Geschichtschreibern), da erst von daher der Quellenwert genauer bestimmt werden kann. Wichtig ist auch die Unterscheidung von Quellen und später von der Geschichtswissenschaft entwickelten Darstellungen. Zudem muß man – soweit möglich – zwischen Sachaussagen, Sachurteilen und Werturteilen unterscheiden. In der Vorgehensweise ist zunächst die Nähe des Verfassers und seiner Aussagen zu den beschriebenen Phänomenen zu berücksichtigen. Aussagen von Betroffenen im Industrialisierungsprozeß sind oft eindrucksvoller als allgemeine Abhandlungen über diese Entwicklungen. Allerdings genügt die Prüfung der „Nähe“ zum Objekt nicht, vielmehr sind die Sichtweise, die Absichten und die Motive des Verfassers genau zu untersuchen. Es geht auch darum, Andeutungen, Verzerrungen und auch „stillschweigende Voraussetzungen“ zu erkennen[6]. Gelegentlich wird man über das angebotene Material hinaus in Bibliotheken oder im eigenen Umkreis Informationen beschaffen müssen. Das wird z. B. für Schülerreferate angebracht sein.
Zur Auswertung der Quellen müssen in vielen Fällen Hypothesen aufgestellt werden, die danach geprüft und gegebenenfalls modifiziert werden müssen. Erst so können die eigenen Ergebnisse in den geschichtlichen Zusammenhang eingeordnet werden. Unterschiede zu allgemeinen geschichtlichen Darstellungen sollten nicht einfach unterschlagen werden. So gibt es im Industrialisierungsprozeß, wie in der Geschichte überhaupt, durchaus die „Gleichzeitigkeit des Ungleichzeitigen“ (Kocka) oder auch spezielle Einzelfälle, die man auf ihre besonderen Bedingungen untersuchen muß.
In diesen Zusammenhang gehört das Problem der Generalisierungen. Man muß sich immer bewußt bleiben, daß innerhalb allgemeiner Tendenzen und Trends individuelles menschliches Handeln steht; deshalb ist bei Generalisierungen besondere Vorsicht geboten. Generalisierungen sind grundsätzlich an der historischen Realität zu überprüfen. Gleichzeitig ist zu berücksichtigen, daß die meisten Erscheinungen im Wandel der Zeit einer erheblichen Veränderung unterliegen, wodurch sich Analogieschlüsse meist verbieten.
Hier müssen die historischen Denkformen und Kategorien der Multikausalität, der Mehrdimensionalität, der Multiperspektivität und der Interdependenz angesprochen werden[7]. Oft wird sich daher der konfrontierende Vergleich zwischen früheren und heutigen Phänomenen eher anbieten. Dieser konfrontierende Vergleich kann nicht nur zur besseren Klärung historischer Sachverhalte dienen, sondern geschichtliche und gegenwärtige Strukturen können sich in diesem Vergleich oft gegenseitig erhellen[8].

2. Fach- und sachspezifische Lernziele

2.1 Fachspezifische Lernziele

Die Einheit sollte hinsichtlich ihrer fachspezifischen Lernziele auf folgende Fragestellungen zugespitzt werden:
– Welche modernen Strukturen in Wirtschaft, Gesellschaft, Staat und Kultur entstehen in der Industriellen Revolution und der Industrialisierung?
– Inwiefern hat sich das Leben der Menschen seitdem grundlegend verändert?
– Inwiefern haben sich Freiheitsräume ausgeweitet oder sind eingeengt worden?
– In welche Richtung weisen diese Prozesse?

Ähnlich wie die Einheit über den „Absolutismus"[9] auf die Frage nach der Herausbildung des modernen Staates ausgerichtet ist, soll hier erarbeitet werden, wie sich mit der Industriellen Revolution und der Industrialisierung die Herausbildung der modernen Gesellschaft in umfassendem Sinne vollzogen hat und wie sich wesentliche Grundlagen der modernen Welt im wirtschaftlichen, sozialen, politischen und kulturellen Bereich entwickelt haben. So versucht die vorliegende Einheit gerade die neuen und die für die Moderne wichtigen Strukturen herauszuheben.
Von dieser Fragestellung her ergibt sich auch die Gliederung der Einheit, die weniger chronologisch verfährt, sondern strukturell den Wandlungen in den einzelnen Bereichen nachgehen und die dabei entstehenden Probleme aufzeigen möchte. Innerhalb der einzelnen Bereiche behält das gegenwartsgenetische Prinzip dabei durchaus seine Bedeutung. Die fachlichen Lernziele, die sich aus den Ergebnissen der Geschichtswissenschaft ergeben, lassen sich schwerpunktmäßig in den einzelnen Bereichen folgendermaßen umschreiben:

Wirtschaftlicher Bereich
Durch Arbeitsteilung, Maschinen- und Massenproduktion entstand eine neue Produktionsweise, die sich deutlich vom Handwerk, vom Verlag und von den Manufakturen abhob und die im Gefolge eine völlige Umwälzung im Wirtschaftsleben nach sich zog. Immer stärker entwickelte sich der Gegensatz von Kapital und Arbeit, wobei die Konzentration des Kapitals und die Entwicklung der Großindustrie wesentliche neue Tendenzen waren. Es bildeten sich industrielle Schwerpunkte mit bestimmten Leitindustrien heraus, die wiederum andere Industrien heranzogen. Die Industrialisierung erfaßte immer weitere Bereiche, drang auch in die Landwirtschaft ein und führte schließlich zu einer Revolutionierung der Verkehrsverhältnisse. Immer neue Innovationsschübe entwickelten sich aus dem Industrialisierungsprozeß heraus, der damit an Eigendynamik gewann. Neue Konjunkturen und Wirtschaftskrisen wurden auch für Staat und Politik zu bestimmenden Kräften.

Gesellschaftlicher Bereich
Im gesellschaftlichen Bereich entstand der neue vierte Stand, die Klasse der Arbeiterschaft, die die Ständegesellschaft sprengte und die alte Ordnung zunehmend infrage stellte. Es erhob sich das Problem der „Sozialen Frage", die unterschiedlich interpretiert und für die unterschiedliche Lösungsvorschläge entwickelt wurden.
Wenn auch der Gegensatz zwischen dem die Produktionsmittel besitzenden Bürgertum und den besitzlosen, in ihrer Arbeit entfremdeten Arbeitern alle anderen Entwicklungen überschattete, entstanden im Zuge der Industrialisierung doch auch andere Schichten und Gruppen, von denen die Angestellten die wichtigsten waren. Dieser neue Mittelstand setzte sich mit seinen Normen und seinem Verhalten stark von der Arbeiterschaft ab, gewann aber im Laufe der Zeit auch auf Teile der Arbeiterschaft und auf andere Schichten einen prägenden Einfluß.
Insgesamt ist die Industrialisierung gekennzeichnet durch eine größere horizontale und vertikale Mobilität, mit der sie sich deutlich von der feudalen Welt abhob. Diese Mobilität war erst möglich geworden durch die „Bauernbefreiung", die Gewerbefreiheit und die Aufhebung der Handelsschranken in Deutschland.
Der Industrialisierungsprozeß brachte darüber hinaus erhebliche Veränderungen im sozioökonomischen und soziokulturellen Bereich mit sich. Er veränderte die Lebens-, Wohn- und Nahrungsgewohnheiten und verstärkte die z. T. schon vorher angelegten Tendenzen zur Alphabetisierung, Säkularisierung, Urbanisierung und zur Kommerzialisierung des Lebens erheblich. Dies alles führte zu neuen, zum Teil heftig umstrittenen Wertungen in der Industriegesellschaft.

Politischer Bereich
Nach liberalistischem Verständnis galten Staat und Wirtschaft in der ersten Hälfte des 19. Jahrhunderts als getrennte Bereiche. Diese Theorie wurde schon in der frühen Industrialisierung durchbrochen, als der Staat zum Teil Industrieförderung betrieb oder sich in einzelne Bereiche des Wirtschaftslebens einmischte. Der Anteil des Staates an der Industrialisierung blieb auch weiterhin bestehen. Zum Teil verkehrte sich in der zweiten Hälfte des 19. Jahrhunderts und im 20. Jahrhundert das Verhältnis aber dadurch, daß einzelne Bereiche so mächtig wurden, daß sie Einfluß und Druck auf den Staat ausüben konnten. In den entstehenden neuen industriellen Krisen erwuchsen für den Staat neue Aufgaben, die einerseits zur sozialen Gesetzgebung, andererseits zu Änderungen in der Innen- und Außenpolitik führten. Die Frage nach dem Verhältnis von Staat und Wirtschaft, von Planung und Freiheit und die Frage nach der Partizipation an den Entscheidungsprozessen sind Probleme der Industriegesellschaft geblieben.

Im einzelnen kann an dem Material erarbeitet werden,
– daß die Industrielle Revolution die alte feudale Gesellschaftsordnung in ihren wesentlichen Grundlagen zerbrach und neue gesellschaftliche Strukturen schuf;
– daß die Industrielle Revolution eine zentrale Etappe auf dem Weg zur Modernisierung war;
– daß neue wirtschaftliche, soziale und politische Probleme entstanden, und wie sie verstanden und aufgefaßt wurden;
– daß die Industrielle Revolution bis heute eine Kette weiterer Prozesse wirtschaftlicher, sozialer und soziokultureller Art in Gang setzte und setzt, und daß zwischen diesen Prozessen eine Interdependenz herrscht;
– daß die Industrialisierung einen neuen Typ von Wirtschaftskrisen schuf, der von wesentlicher

Bedeutung für den politischen und sozialen Bereich wurde (Überproduktion);
– daß sich mit der Industrialisierung verstärkt das Problem des wirtschaftlichen Wachstums und der Ökologie stellte;
– daß die Industrialisierung die Frage nach neuen Lebensformen und neuen politischen und sozialen Ordnungsvorstellungen aufwarf und weiter aufwirft (u. a. die Frage nach der „zivilisatorischen Beschleunigung");
– daß Industrielle Revolution und Industrialisierung einerseits gewisse Möglichkeiten für mehr „Freiheit und Partizipation" (Verfassungsfrage, Demokratisierung) mit sich brachten, aber andererseits auch erhebliche gegenläufige Kräfte in Gang setzten (Bürokratisierung, Entfremdung, Monopole).

2.2 Daten und Begriffe

Zur Industrialisierung in Großbritannien

1733 Kay entwickelt das fliegende Weberschiffchen
1735 Eisengewinnung mittels Koks durch Darby
1765 James Watt konstruiert die erste Niederdruckdampfmaschine (Patent 1769)
1766 Erster Hochofen in England
1767 James Hargreaves erfindet eine Wagenspinnmaschine („Spinning-Jenny")
1772–73 Samuel Crompton verbessert die Spinnmaschine. (Seine „Mule-Jenny" produziert Garne mit großer Gleichmäßigkeit und Feinheit)
1775 Richard Arkwright baut eine mit Wasserkraft betriebene Spinnmaschine
1776 Adam Smith veröffentlicht „The Wealth of Nations" (grundlegend für die Volkswirtschaftslehre)
1785 Fortschritte im Verhüttungsverfahren durch Koks
1786 Edmund Cartwright entwickelt den ersten brauchbaren mechanischen Webstuhl
1798 Thomas Robert Malthus „Essay on population" nimmt ein Mißverständnis zwischen Produktion und Konsumption als Naturgesetz infolge steter Übervölkerung an
1799 Koalitionsverbot in England (richtet sich gegen Gewerkschaften)
1800 ff. Der Unternehmer Robert Owen führt in seinen Baumwollspinnereien freiwillig Reformen (z. B. Krankenkassen, Schulen Kindergärten) ein
1802 Erstes, aber wenig erfolgreiches Kinderschutzgesetz (Begrenzung der Kinderarbeit auf 12 Stunden am Tag)
1811–13 Aufstände der Maschinenstürmer (Ludditen)
1814 Erste Gewerkvereine (Gewerkschaften) in England. George Stephenson entwickelt die erste brauchbare Lokomotive
1819 Verbot der Kinderarbeit in Baumwollfabriken
1824 Aufhebung des Antigewerkschaftsgesetzes in England, Aufschwung der Gewerkschaften
1825 Aufhebung von etwa 1000 lokalen und regionalen Binnen-, Straßen-, Schiffahrts- und Kanalzöllen.
Eröffnung der ersten Dampfeisenbahn von Darlington nach Stockton durch George Stephenson
1830 Eröffnung der Eisenbahnlinie von Liverpool nach Manchester
1832 Parlamentsreform in England dehnt das Wahlrecht auf städtische Mittelschichten und Industrie aus
1833 Begrenzung der Arbeitszeit von Kindern und Jugendlichen
1838 Die demokratisch-sozialistische Arbeiterbewegung (Chartisten) verfaßt „The People's Charter"
1844 Arbeiter gründen in Rochdale Konsumgenossenschaften zur Selbsthilfe (Pioniere von Rochdale)
Verbot der Nachtarbeit für Frauen. Festlegung der täglichen Arbeitszeit auf 12 Stunden
1845 Friedrich Engels veröffentlicht „Die Lage der arbeitenden Klassen in England"
1846 Abkehr der britischen Wirtschaftspolitik vom Protektionismus, Übergang zum Freihandel
1847 Einführung des 10 Stunden-Arbeitstages
1849 Scheitern der 3. Chartisten-Petition im Unterhaus; vorläufiges Ende der von der Arbeiterschaft angestrebten Wahlrechts- und Parlamentsreform
1855 Henry Bessemer erfindet die nach ihm benannte Bessemer-Birne und das Bessemer-Verfahren (ermöglicht Massenerzeugung von Flußstahl)

Zur Industrialisierung in Deutschland

1807 ff. Stein-Hardenbergsche Reformen in Preußen (1807 Aufhebung der Leibeigenschaft, 1808 Einführung der Städteordnung, 1810 Herstellung der Gewerbefreiheit)
1816 In der deutschen Landwirtschaft arbeiten noch 78 % der Bevölkerung
1818 Aufhebung der Zollschranken im preußischen Staatsgebiet; Dampfmaschinen und vollautomatische Spinnmaschinen finden verstärkten Eingang in Preußen
1834 Gründung des deutschen Zollvereins
1835 Inbetriebnahme der ersten deutschen Eisenbahn von Nürnberg nach Fürth

1840–41	Industriell-technische Vormachtstellung Preußens in Deutschland (verstärkter Einsatz der Dampfmaschine in Textil-, Bergbau-, Hütten-, Eisen- und Maschinenbauindustrie)
1844	Hungerrevolten der durch die Einführung von Maschinen von Verelendung bedrohten schlesischen Weber
1845	Allgemeine Preußische Gewerbeordnung (enthält erste gesetzliche Bestimmungen zum Arbeitsrecht)
1846	Kaplan Adolf Kolping gründet in Eberfeld den ersten katholischen Gesellenverein
1846–47	Friedrich Wilhelm Raiffeisen gründet erste ländliche Genossenschaften, Hilfs- und Wohltätigkeitsvereine (speziell für Kleinbauern)
1847–48	Verbesserte Produktions- bzw. Fördermethoden führen zu einem Anwachsen der Hütten-, Bergbau- und Maschinenindustrie. Abwanderung der Landbevölkerung ins städtische Gewerbe- und Fabrikwesen ruft eine Strukturveränderung sowie erste Anfänge eines städtischen Industrieproletariats hervor
1848	Marx und Engels verfassen das „Kommunistische Manifest". Johann Hinrich Wichern ruft die „Innere Mission" ins Leben. Beginn der Frauenbewegung in Deutschland (Forderung nach Frauenwahlrecht, Gleichberechtigung usw.)
1850	Hermann Schulze-Delitzsch gründet erste (Konsum-)Genossenschaften
1863	Gründung des Allgemeinen Deutschen Arbeitervereins unter Führung Ferdinand Lassalles in Leipzig
ab 1865	Aufstieg der chemischen Industrie als neuer Wirtschafts- und Industriezweig in Deutschland (z. B. 1863 Farbenfabriken Friedrich Bayer & Co. in Elberfeld, 1865 Badische Anilin- und Sodafabriken – BASF – in Ludwigshafen)
1867	Begründung der Starkstromtechnik durch Werner von Siemens (Dynamo-Elektromotor)
1868	Max Hirsch und Franz Gustav Duncker gründen in Berlin die „Hirsch-Dunckerschen Gewerkvereine" (liberale Gewerkschaften)
1869	Gründung der Sozialdemokratischen Arbeiterpartei durch Wilhelm Liebknecht und August Bebel in Eisenach
1871	Das Reichs-Münz-Gesetz bestimmt die Mark zur allgemeinen Währungseinheit
1871–73	Gründerjahre
1872	Gründung des Vereins für Sozialpolitik (tritt für staatliche Sozialpolitik ein)
1875	Zusammenschluß des Allgemeinen Deutschen Arbeitervereins und der Sozialdemokratischen Arbeiterpartei zur Sozialistischen Arbeiterpartei Deutschlands in Gotha
1876	Gründung des Centralverbands deutscher Industrieller als Sprachrohr der Eisen-, Stahl- und Montanindustrie
1877–79	Abkehr vom Freihandel, Hinwendung zur Schutzzollpolitik in Deutschland
1878	Sozialistengesetz
1881	Einleitung der staatlichen Sozialpolitik durch die „Kaiserliche Botschaft" Wilhelms I.
1883	Krankenversicherungsgesetz. Gottlieb Daimler und Wilhelm Maybach entwickeln einen schnellaufenden Benzinmotor mit Glührohrzündung.
1884	Unfallversicherungsgesetz
1885	Gottlieb Daimler baut das erste Motorrad der Welt, Carl Friedrich Benz läßt sich einen Motorwagen mit Gasantrieb durch Benzin patentieren
1889	Streik der gesamten Ruhrbergarbeiterschaft infolge völlig unzureichender wirtschaftlicher und sozialer Bedingungen. Alters- und Invalidenversicherung. Die Frauenbewegung in Deutschland unter Führung von Helene Lange gewinnt zunehmend an Bedeutung
1890	Aufhebung des Sozialistengesetzes. Entstehung der freien Gewerkschaften unter Führung des Sozialdemokraten Carl Legien. Umbildung der „Sozialistischen Arbeiterpartei Deutschlands" zur „Sozialdemokratischen Partei Deutschlands"
1891	Erfurter Programm der SPD
1893	Gründung des Rheinisch-Westfälischen Kohlesyndikats als gemeinsame Verkaufsorganisation der Zechen. Deutschland überflügelt Großbritannien in der Stahlproduktion
1895	Gründung des Bundes der Industriellen (Unternehmerverband zur Vertretung industrieller Interessen gegenüber den anderen Wirtschaftszweigen, Regierungen, Parlamenten und Öffentlichkeit)
1897	Gründung des Rheinisch-Westfälischen Roheisensyndikats (1910 zum deutschen Roheisenverband erweitert)
1903	Verbot der Kinderarbeit (unter 12 Jahren)
1911	Reichsversicherungsordnung Angestelltenversicherung
1912	Zunehmende Konzentration in der deutschen Wirtschaft (z. B. beherrschen 9 Konzerne 70 % der Kohleproduktion) SPD stärkste Partei im Reichstag

Begriffe

Die Begriffe sind innerhalb der Unterrichtseinheiten aufgeführt.

3. Erkenntnisziele mit politisch-sozialer Relevanz

Schon in der Beantwortung mancher fachlicher Fragen fließen soziale und politische Maßstäbe ein. Dies bewußt zu machen, ist sicher ein wichtiges Lernziel. Dazu gehört, daß der Schüler in die Lage versetzt wird, sich seiner eigenen Beurteilungsmaßstäbe bewußt zu werden und einen eigenen Standpunkt bei der Beantwortung der Fragen zu entwikkeln. Der Schüler soll zudem erkennen, „daß der Prozeß der Industrialisierung im 19. und 20. Jahrhundert mit seinen ökonomischen, sozialen, politischen und kulturellen Folgen bis in die Gegenwart hineinwirkt und daß eine Untersuchung dieses Prozesses hilft, die technisch-wissenschaftliche Bestimmtheit der heutigen Welt und viele soziale Probleme der Industriegesellschaften besser zu erfassen“[10].
Gleichzeitig können die Schüler bei der Bearbeitung der Materialien erfahren, daß viele der Probleme recht kontrovers gesehen werden und daß bei der Betrachtung und der Beurteilung multiperspektivisch vorgegangen werden muß. Es wird auch nach der Bearbeitung der gesamten Einheit auf manche Fragen unterschiedliche Antworten geben. Es wäre schon ein wichtiges Ergebnis, wenn der Schüler erkannt hat, daß er sich vor vorschnellen Urteilen hüten sollte, daß es oft keine Patentrezepte gibt und daß bei der Lösung der Probleme meist recht unterschiedliche Gruppen zusammenwirken müssen.
Es ist weiterhin ein wichtiges Lernziel der Einheit, daß die Schüler lernen, sich zwar um eigene Antworten zu bemühen, aber auch, wenn diese in der Diskussion auf ihre Grundpositionen zurückgeführt worden sind, unterschiedliche Meinungen gelten zu lassen und zu tolerieren sowie auch Verständnis für die Position der anderen aufzubringen. Gerade bei diesem zum Teil recht kontroversen Thema, bei dem immer wieder aktuelle Gegenwartsfragen berührt werden[11], ist das Gebot der Toleranz und der Empathie ein hohes soziales Lernziel.

Es kann an dem Material diskutiert werden,
– inwieweit von „Industrieller Revolution“ oder von Industrialisierung gesprochen werden kann (revolutionäres oder evolutionäres Phänomen);
– welche parikularen und gesellschaftlichen Interessen im Industrialisierungsprozeß verwoben sind (Problem der Gruppeninteressen, der Interdependenz);
– inwieweit der Weg vorgezeichnet war, inwieweit die Prozesse bewußt gesteuert wurden (Verhältnis von Planung und ungesteuerter Entwicklung);
– welche Zusammenhänge zwischen den wirtschaftlichen Wandlungen, den sozialen Veränderungen und den Ideologien bestanden und bestehen (Problem der Interdependenz und der Multikausalität);
– inwiefern sich der Prozeß der Industrialisierung in die Universalgeschichte einordnet (Problem des europazentrischen Weltbildes und des „weltgeschichtlichen Zusammenhanges“);
– inwiefern sich die traditionelle Geschichtswissenschaft zur Erfassung dieses Phänomens wandelt und neuer Methoden bedient (Wissenschaftspropädeutik – Problem der Geschichte als historischer Sozialwissenschaft);
– ob die Industrialisierung „westlichen Typs“ Modell für die Entwicklungsländer sein kann (Problem der Anwendung „historischer Erfahrung“);
– inwieweit wir vor einer neuen Revolution durch die Automation oder am Ende des Wachstums stehen (Problem der Ökologie und der „Grenzen des Wachstums“);
– welche Perspektiven sich für die industrielle Gesellschaft der Zukunft ergeben können.

III. Strukturierung der Unterrichtseinheiten

Einführung in das Thema

Lernziele
1. Erste Kenntnis wichtiger Veränderungen im Zuge der Industrialisierung.
2. Einsicht in die Problematik des Begriffes „Industrielle Revolution“ und in die Bedeutung der Thematik für unsere Gegenwart.
3. Fähigkeit, die Industrielle Revolution und die neolithische Revolution miteinander zu vergleichen und in ihnen wesentliche Umbrüche in der Menschheitsentwicklung zu erkennen.

Begriffe

Industrielle Revolution	Periodisierung
Neolithische Revolution	Standortgebundenheit
Industrialisierung	Erkenntnisinteresse

Zur Einführung in die Problematik kann der Text von Cipolla dienen. Er verweist auf die Ähnlichkeiten zwischen der Industriellen Revolution und der Neolithischen Revolution, die vor allem in den Veränderungen der Wirtschaftsweise und der Sozialordnung liegen. Der Vergleich zwischen beiden sollte im Mittelpunkt der Stunde stehen. Im Neolithikum vollzog sich der Übergang vom Jäger- und Sammlerdasein zum Bauerntum, in der Industrialisierung wandelte sich die bäuerlich-agrarische Welt in die durch Maschinen bestimmte Welt der Industriegesellschaft.

Es wird hier zunächst der Begriff der „Revolution“ zu problematisieren und zu diskutieren sein. Dabei wird schnell auffallen, daß in der zeitlichen Dimension erhebliche Unterschiede bestehen; denn während der Übergang vom Jäger- und Sammlertum zum Bauerntum sich in Jahrhunderten und Jahrtausenden vollzog, ging der Prozeß der Industrialisierung mit erheblicher Schnelligkeit vor sich. Dabei ist allerdings zu berücksichtigen, daß es in beiden Umbrüchen regional jeweils unterschiedliche Entwicklungsstände gab, in denen die „Gleichzeitigkeit des Ungleichzeitigen“ (Kocka) zum Ausdruck kommt. Der Begriff der „Industriellen Revolution“, der Ende des 19. Jahrhunderts auftauchte, ist nur anwendbar, wenn man den radikalen, schnellen Umbruch in der Wirtschafts- und Sozialordnung betonen will; zunehmend findet der Begriff des „Industrialisierungsprozesses“ Verwendung, der intendiert, daß der Prozeß aus sich heraus zu immer neuen Veränderungen und Innovationen führte und so die ältere statische feudale Ordnung abgelöst hat.

Cipolla weist aber noch auf einen zweiten Gesichtspunkt hin, der mit den Schülern diskutiert werden sollte. Er spricht davon, daß die Industrielle Revolution die Welt „überrumpelt“ habe und daß sie der Geschichte des „Zauberlehrlings“ ähnelt. Damit klingen auch eine gewisse Hilflosigkeit und zum Teil irrationale Momente der Industrialisierung gegenüber an. Das wird zur Frage nach den wirtschaftlichen und gesellschaftlichen Interessen, die hinter diesem Prozeß gestanden haben und stehen, und auch zur Frage nach der Möglichkeit der Steuerbarkeit dieser Prozesse führen. Die vorangestellten Zitate von Tania Blixen, Karl Marx, Jacques Fourastié, Ralf Dahrendorf, Lewis Mumford und William Woodruff sollten dabei in die Diskussion einbezogen werden. In ihnen kommen recht unterschiedliche Positionen und Erkenntnisinteressen gegenüber dem Industrialisierungsprozeß zum Ausdruck. Sie sollen dem Schüler helfen, erste Hypothesen (die weiter überprüft werden müssen), aber auch einen ersten begründeten Standpunkt zum Vergleich von „Industrieller Revolution“ und „Neolithischer Revolution“ zu gewinnen und zu formulieren. Diese Problematik muß allerdings am Ende der Unterrichtseinheit neu aufgegriffen und diskutiert werden, wenn es um die Einordnung der Industrialisierung in den universalgeschichtlichen Zusammenhang geht.

1. Vorindustrielle Wandlungen – Vorboten einer neuen Zeit

1.1 Das Bevölkerungswachstum

Lernziele

1. Kenntnis der Entwicklung der Weltbevölkerung vom Neolithikum über die Industrialisierung bis in die Gegenwart.
2. Einsicht in die Phasen der Bevölkerungsentwicklung mit den Wandlungen bei den Geburten- und Sterberaten in Europa, wie sie sich am Übergang von der Agrargesellschaft zur Industriegesellschaft beobachten lassen.
3. Fähigkeit, die Probleme, die mit der Bevölkerungsentwicklung und mit der Bevölkerungsexplosion verbunden sind, in ihren unterschiedlichen Dimensionen zu diskutieren und nach Lösungsmöglichkeiten zu suchen.

Begriffe

Bevölkerungswachstum
Verdopplungszeiten
Geburten- und Sterberaten
„Demographische Revolution"
Phasen im Bevölkerungsprozeß
Problematik der „Gesetzmäßigkeiten" in der Geschichte

Der Text des Wirtschaftshistorikers Rudolf Rübberdt soll zunächst noch einmal den Unterschied zwischen der vorindustriellen Welt und heute bewußt machen (T 1). Die Position des Autors, der wesentlich vom heutigen „industriellen Standpunkt" her urteilt, sollte von den Schülern nach dessen Beurteilungsmaßstäben befragt und untersucht werden. Es bleibt eine offene Frage, inwieweit man der vorindustriellen Gesellschaft trotz all ihrer schweren Mängel, mit einer solchen Beurteilungsweise völlig gerecht wird.
Mit Hilfe der Grafik (Abb. 1) und der Statistik der „Verdoppelungszeiten" (Tab. 1) können die Entwicklung der Weltbevölkerung seit dem Neolithikum und die Bevölkerungsexplosion seit Beginn der Industrialisierung herausgearbeitet werden. Die Ursachen für diese Entwicklungen lassen sich aus dem Text von Cipolla herauslesen (T 2). Cipolla greift den Begriff der „Demographischen Revolution" von Adolf Landry auf und geht vor allem den Ursachen dieser Prozesse nach (Ende der Seuchen und Hungersnöte, Fortschritte in der Landwirtschaft, medizinische Fortschritte usw.). Gleichzeitig weist er auf die Zusammenhänge zwischen der Bevölkerungsentwicklung und der Industrialisierung hin, ohne hier aber einen monokausalen Zusammenhang herzustellen.
Von wesentlicher Bedeutung sind die Merkmale des Bevölkerungsprozesses in den letzten 200 Jahren, die sich an den europäischen Gesellschaften beobachten lassen[12]. Zuerst zeigt sich dies am Verhältnis der Geburten- und Sterberaten in England und Wales (Abb. 2). Während in der Agrargesellschaft Geburten- und Sterberate etwa parallel lagen, so daß es nur sehr langfristig – begünstigt durch Verbesserungen in der Landwirtschaft, gute Ernten oder sozioökonomische Wandlungen – zu einem gewissen Bevölkerungswachstum kam, zeigt sich in der Frühindustrialisierung ein Absinken der Sterberate bei gleichbleibender Geburtenzahl. Vor allem hier liegt die Ursache für die gewaltige Bevölkerungsexplosion in England und Deutschland im 19. Jahrhundert. In einer Übergangsperiode sinkt die Geburtenrate langsam ab, und in den hochindustrialisierten Ländern gleichen sich Geburtenzahl und Sterberate allmählich wieder an, so daß sich die Bevölkerung gleichsam auf einem höheren Niveau wieder stabilisieren kann.
Es sollte zunächst diskutiert werden, ob dies eine „Gesetzmäßigkeit" in der Geschichte darstellt. Zwar lassen sich ähnliche Entwicklungen in vielen Gesellschaften feststellen, doch weisen die rückläufige Bevölkerungszahl in der Bundesrepublik Deutschland oder staatliche Eingriffe in die Bevölkerungsentwicklung in einzelnen Ländern (z. B. China) darauf hin, daß es durchaus Abweichungen von diesem Modell und Eingriffsmöglichkeiten des Staates gibt[13].
Immerhin soll die Abbildung 3, die die Veränderungen der Geburten- und Sterberaten im Bevölkerungsprozeß in die Zukunft projiziert, deutlich machen, welche kaum zu lösenden Probleme diese Entwicklungen aufwerfen, weil viele Länder nach diesem Modell ihren eigentlichen Bevölkerungsboom noch gar nicht erreicht haben. Es wird hier die Frage diskutiert werden müssen, inwieweit diese Entwicklungen „unabwendbar" oder noch „steuerbar" sind. Hier wird auch die ethische Frage berührt, inwieweit der Staat mit seinen Maßnahmen in diese Entwicklungen eingreifen darf oder kann.

1.2 Vorindustrielle Krisen – das Anwachsen der Unterschichten

Lernziele

1. Kenntnis der vorindustriellen Krisen des 18. und beginnenden 19. Jahrhunderts, die vor allem das Anwachsen der Unterschichten nach sich zogen.
2. Einsicht in die Beziehungen zwischen Roggenpreis, Eheschließungen und Sterberaten in den vorindustriellen Krisen.
3. Einsicht in die Bedeutung dieser Krisen für die Bemühungen um die Verbesserung der Lebensverhältnisse und um „Industrialisierung".

Begriffe

Vorindustrielle Krisen
Hungerkrisen
Sozialer Wandel
Unterschichten
Bettlergemeinde
Pauperismus

Die vorindustriellen Krisen sind breiter dokumentiert, weil sie lange von der Geschichtswissenschaft vernachlässigt worden sind und weil erst auf ihrem Hintergrund auch die Bemühungen um Industrialisierung voll verstanden werden können. Zudem bieten diese vorindustriellen Krisen mit ihren besonderen Strukturen später eine Grundlage zum Vergleich mit den ganz anders gearteten, wenn auch nicht minder bedeutungsschweren, industriellen Krisen. Didaktisch ist die Thematik stark auf die Hungerkrise zu Beginn der 70er Jahre des 18. Jahrhunderts zugespitzt worden, da diese Krise zum Teil verheerende Auswirkungen auf die Bevölkerung in Mitteleuropa hatte. Es sollten aber auch die Krisen der ersten Hälfte des 19. Jahrhunderts und des Pauperismus angesprochen werden, da diese Krisen noch als „letzte Krisen vom alten Typ" angesehen werden können[14]. Gerade der Pauperismus in der ersten Hälfte des 19. Jahrhunderts ist ja gekennzeichnet durch Einkommensrückgang, Massenarbeitslosigkeit und Massenarmut, weil die beginnende Industrialisierung die angewachsene Bevölkerung noch nicht aufnehmen konnte.

Daß der Prozeß der Vergrößerung der Unterschichten schon länger andauerte, läßt sich sowohl an dem Schaubild der Entwicklung der sozialen Gliederung der Bevölkerung in Sachsen (1550, 1750, 1843) als auch an der Schichtung der Göttinger Haushalte (1763, 1829, 1861) ablesen (Abb. 1 und Tab. 1). Die Analyse beider Materialien sollte am Anfang der Stunde stehen. Deutlich zeigt sich in Sachsen bei relativ gleichbleibender, aber absolut wachsender Stadtbevölkerung ein Rückgang der großen Bauern und eine erhebliche Zunahme der Gärtner und Häusler. Gerade aus ihren Reihen kamen zum großen Teil die Lohnarbeiter für die Manufakturen und für die beginnende Industrie.

Die Ursachen für diese Entwicklungen sind vielfältiger Natur. Sie liegen einmal in dem langsamen vorindustriellen Bevölkerungswachstum im 18. Jahrhundert, im Erbrecht und in der Immobilität auf dem Lande vor der Bauernbefreiung. Allerdings ist die vorindustrielle Verarmung nicht nur auf das Land beschränkt, sondern läßt sich auch in den Städten feststellen. Hier konzentrierte sich das Arbeiterpotential der beginnenden Industrialisierung. Insofern war der Anstieg der Bevölkerung zunächst Voraussetzung für den Industrialisierungsprozeß, gleichzeitig förderte der Bevölkerungsanstieg ihn später auch.

Um die Auswirkungen einer vorindustriellen Krise zu erfassen, sollte das Material zur Hungerkrise der beginnenden 70er Jahre analysiert werden. Den Hintergrund kann der erschütternde Bericht des Arztes Arand über Krankheit und Not in Ober-Eichsfeld liefern (T 1). Die Schaubilder vom Anstieg der Getreidepreise und von den Geburten- und Todesraten (Abb. 2 und 3) in Sachsen sprechen eine deutliche Sprache von der Not dieser Jahre, die vor allem die Armen traf. Besonders eindrucksvoll ist der Zusammenhang der hohen Getreidepreise und der Zahl der Todesfälle in Sachsen zu Beginn der 70er Jahre. Hier können die Schüler erkennen, wie in vorindustrieller Zeit die Bevölkerungsentwicklung durch hohe Getreidepreise, Anstieg der Todesfälle und Geburtenrückgänge abrupt gebremst werden konnte. Daß der für die agrarische Welt chrakteristische Zusammenhang zwischen Getreidepreis und Eheschließung auch noch im beginnenden 19. Jahrhundert nachzuweisen ist, zeigt die Abb. 4 (Haushaltsgründungen und Eheschließungen in Agrar- und Industriewirtschaft in Preußen). Hier wird zudem deutlich, daß der Zusammenhang später vom Getreidepreis auf die Preise für Industrieprodukte übergeht. Daß das 18. Jahrhundert in bezug auf die Löhne einen Tiefpunkt darstellt, zeigt schließlich die Abb. 5 über die Entwicklung der Löhne vor der Industriellen Revolution.

Auf einen anderen Aspekt dieser Krisen weist der Bericht von Jeremias Gotthelf hin, wenn er die Armut auf dem Dorf und die Bettlergemeinde beschreibt (T 3). Es handelt sich hier um das vorindustrielle Prinzip von „Verkauf und Vermietung" von Kindern, an das in der Frühindustrialisierung angeknüpft wurde. Diese erschütternde Form der Kinderarbeit konnte erst allmählich im Laufe des 19. Jahrhunderts im industriellen Bereich abgebaut werden, während sie im landwirtschaftlichen Bereich auch noch darüber hinaus praktiziert wurde.

Die Bedeutung der Landwirtschaft am Übergang vom 18. zum 19. Jahrhundert läßt sich schließlich an der Aussage des Agrarhistorikers Wilhelm Abel erarbeiten, der auf die Ansätze zur Verbesserung in der Landwirtschaft hinweist, die durch die Erhöhung der Preise für landwirtschaftliche Produkte ausgelöst wurden (T 2). Es bleibt schließlich eine offene Frage, welche historischen Alternativen es zu diesen Entwicklungen im 18. Jahrhundert gab, in der die Gesellschaft sowohl hinsichtlich der landwirtschaftlichen Produktion, ihrer Energiereserven (Holzknappheit) und des Anwachsens der Unterschichten in eine Sackgasse zu treiben schien[15]. Sicherlich hofften viele Zeitgenossen, daß der Übergang von Holz zu Kohle, von der Manufaktur zur Industrie, vom Merkantilismus zum Liberalismus hier neue Möglichkeiten eröffnen würde.

1.3 Die wissenschaftlich-technische Revolution

Lernziele

1. Kenntnis der Fortschritte im Bereich der Naturwissenschaften vor der Industriellen Revolution.
2. Einsicht, daß neben der Bevölkerungsentwicklung und der Kapitalbildung der mit der Aufklärung verbundene wissenschaftlich-technische Fortschritt und die sich daraus ergebende neue Mentalität (Fortschrittsgläubigkeit) eine wichtige Voraussetzung für die Industrialisierung waren.
3. Fähigkeit, die Bewertung des wissenschaftlich-technischen Fortschritts und des Wachstumsgedankens zu reflektieren und begründet dazu einen eigenen Standpunkt zu gewinnen.

Begriffe

Wissenschaftlich-technische Revolution
Mechanisches Weltbild
Technologischer Fortschritt
Fortschrittsgläubigkeit
Wachstumsdenken
Society of Arts
Lunar Society

Daß die wissenschaftlich-technische Revolution, die eine wichtige Voraussetzung für die Industrielle Revolution war, mit ihren Wurzeln weit in die Vergangenheit zurückreicht, läßt sich an dem Text von Lewis Mumford erarbeiten (T 1). Mumford weist darauf hin, daß die Zeit vom 12. bis 18. Jahrhundert keineswegs eine durch technischen Stillstand charakterisierte Epoche war, sondern daß es eine ganze Reihe von Erfindungen und Neuerungen gab, angefangen bei den Wasser- und Windmühlen bis hin zur mechanischen Uhr. Seine These, daß vom 14. Jahrhundert an, die „Kraftelemente in dieser Technologie" außer Kontrolle gerieten durch die Veränderungen im Frühkapitalismus, sollte eingehend diskutiert werden. Auch seine These von den möglichen „vorteilhaften und praktikablen Alternativen" zum westeuropäischen Weg wird nicht nur auf Zustimmung rechnen können.

Die Zusammenhänge von Naturwissenschaft und technischem Fortschritt lassen sich dann an den Texten von Peter Mathias, „Wer entfesselte Prometheus?" (T 2), und von Albrecht Timm erarbeiten (T 3). Wichtig ist hierbei die Bacon-Tradition der experimentellen Naturwissenschaften, weil im Experiment Naturwissenschaft und Technik voneinander profitierten[16]. Man kann diese Frage nach der Abhängigkeit von Naturwissenschaft und Technik vertiefen, wenn man danach fragt, inwieweit diese Zusammenhänge auch heute noch bestehen. Das alte Prinzip von „trial und error" scheint zumindest für Bereiche wie den der Kerntechnik nicht mehr zu gelten. Das Verhältnis von Naturwissenschaft und Technik wird da zum Problem, wo technisch machbare Einrichtungen und Entwicklungen die Grenze des gesellschaftlich Verantwortbaren überschreiten. Gerade diese Grenze aber wird häufig gesellschaftlich umstritten sein.

Auf den interessanten Bedeutungswandel des Begriffes „Industrie" weist Albrecht Timm hin (T 3). Dieser Begriff wandelte sich im 18. Jahrhundert vom „Hausfleiß" über die Manufakturen bis hin zur industriellen Fertigung. Im Merkantilismus des 18. Jahrhunderts wurde die Technologie noch vom Staat gefördert, das liberalistische 19. Jahrhundert löste sie endgültig aus ihren staatlichen Abhängigkeiten. Die „Industrie" gewann zunehmend dem Staat gegenüber an Eigendynamik.

Am Schluß sollte das Verhältnis von Wissen und Macht, das seit der Industrialisierung in ganz neuer Dimension erscheint, an dem Text von H. J. Störig diskutiert werden (T 4). Der Text macht die Bedeutung des 19. Jahrhunderts im Hinblick auf das Verhältnis von Naturwissenschaft und praktischer Anwendung deutlich. Die Fortschrittsgläubigkeit dieser Epoche hat lange nachgewirkt und ist auch heute noch nicht gebrochen. Damals entstanden jene Ansätze und Strukturen des Wachstumsdenkens, der Fortschrittsgläubigkeit und der schon aufs Große angelegten technischen Systeme, die heute zunehmend infrage gestellt werden. Aufschlußreich ist die Rolle, die Störig dem Bürgertum mit Tugenden wie Fleiß und Ordnungssinn zuweist. Umstritten wird allerdings seine These sein, daß diese neue Wissenschaft „demokratisch" war. Hier ist zu fragen, ob sie nicht auch antidemokratischen Tendenzen in der Gesellschaft dienen konnte und kann.

2. Die Durchsetzung der Industriellen Revolution in England

Die Einheit 2 versucht am Beispiel England, dem „Mutterland“ der Industriellen Revolution, zum einen die beispielhafte Komplexität und die Wirkungszusammenhänge wesentlicher Faktoren der Industrialisierung, zum anderen die durch sie hervorgerufenen sozioökonomischen Modernisierungen aufzuzeigen. Zugleich ermöglicht die Berücksichtigung der englischen Entwicklung aber auch den Vergleich mit den Vorbedingungen, dem Verlauf und den Konsequenzen der deutschen Industrialisierung (Einheit 3).

2.1 Die wirtschaftlichen, sozialen und geistigen Voraussetzungen der Industrialisierung in England

Lernziele

1. Kenntnis des Ablaufs und der besonderen wirtschaftlichen, sozialen und geistigen Voraussetzungen der Industriellen Revolution in England.
2. Einsicht in Vielfalt und Wechselbeziehungen der Faktoren, die für die Industrielle Revolution in England als maßgeblich angesehen werden.
3. Beurteilung der Rolle der ökonomischen, gesellschaftlichen und geistigen Faktoren als Ursachen bzw. Bedingungen der Industriellen Revolution.

Begriffe

Frühindustrialisierung	offene Gesellschaft
Industrielle Revolution	puritanisch-calvinistische Ethik
Bevölkerungswachstum	Kapitalakkumulation
Außenhandel	liberalistische Wirtschaftstheorie (1776)
Binnenmarkt	
Agrarrevolution	

Zur Einführung in die Problematik kann der Text des Historikers P. Deane dienen (T 1). Er weist darauf hin, daß die Anfänge der englischen Industrialisierung, wie die historische Forschung nachgewiesen hat, bis ins späte 16. und frühe 17. Jahrhundert zurückreichen. Demzufolge kann man im Hinblick auf England nicht von einer plötzlich einsetzenden „Industriellen Revolution“ sprechen. Trotzdem bestehen nach Deane zwischen dieser frühen Industrialisierungsperiode (1. Industrialisierung) und der Zeit, die gewöhnlich als erste Industrielle Revolution (2. Industrialisierung) bezeichnet wird, erhebliche qualitative und quantitative Unterschiede, deren Erarbeitung im Vordergrund stehen sollte, um die Besonderheiten der eigentlichen Industriellen Revolution in England zu erfassen und herauszustellen.

Nähere Informationen über die sozioökonomischen Voraussetzungen der englischen Industrialisierung kann man dem Text des Historikers S. Lilley entnehmen (T 2). Er hebt hervor, daß im England des 18. Jahrhunderts ein starkes Bevölkerungswachstum, steigende Lebenshaltung und die fast vollständige Kommerzialisierung zu einer stetigen Ausweitung eines für die Massenproduktion geeigneten Binnenmarktes führten. Begünstigt wurde diese Entwicklung zum einen durch ein einheitliches, nicht durch Binnenzölle zersplittertes Wirtschafts- und Staatsgebiet und zum anderen durch stetige Verbesserungen im Verkehrswesen. Parallel zum Binnenmarkt erfuhr auch der englische Außenhandel einen starken Aufschwung. Er gründete sich darauf, daß es England gelang, seinem eigenen Handel und seiner Flotte monopolistische Vorrechte auf den Weltmeeren und über wichtige Teile der Weltmärkte zu sichern (englische Navigationsgesetze 1651–1691). Der weltweite englische Kolonialbesitz diente zudem als billiger Rohstofflieferant (z. B. für Tabak, Zucker, Indigo, Melasse, Baumwolle, Erze und Kohle) für das Mutterland und als dessen Absatzmarkt für Massenproduktionswaren. Erst durch die Ausweitung des Binnenmarktes und des Außenhandels wurden die Möglichkeiten für eine sich beständig modernisierende Produktion geschaffen.

Wichtige Voraussetzungen für die Industrielle Revolution in England schuf die Agrarrevolution im 18. Jahrhundert. Der Text des Soziologen B. Moore (T 3) zeigt, daß die „Einhegungen“, d. h. die Umwandlung von Acker- in Weideland und die Zusammenlegung der Grundstücke sowie die Nutzung schlechter Böden als Weide und besserer als Getreideanbauflächen im 18. Jahrhundert zu vermehrter Landkonzentration und Expansion des Großgrundbesitzes führte. Durch die Einführung technischer Neuerungen, den Übergang zu systematischer Düngung, die Ablösung der alten Dreifelderwirtschaft durch Fruchtwechselwirtschaft, die Einführung neuer Fruchtarten und die Intensivierung der Viehzucht erreichte die englische Landwirtschaft einen außerordentlichen Produktivitätszuwachs. Angesichts der stetigen Nachfrage nach Agrarprodukten am Binnenmarkt infolge des Bevölkerungswachstums gingen viele Großgrundbesitzer mit dem Ziel der Produktivitätssteigerung zwecks Gewinnmaximierung dazu über, größere Produktionseinheiten zu schaffen und die Betriebsabläufe systematisch zu rationalisieren. Die Landwirtschaft erwies sich für den Großgrundbesitz als profitables Gewerbe, dessen Gewinn von ihm entweder reinvestiert oder zu anderen industriellen Aktivitäten im Bereich von Handel und Gewerbe (z. B. Sägewerke, Bergbaubetriebe, Kanalbau im Infrastrukturbereich) genutzt wurde. Es kam demnach in der Landwirtschaft zur primären Akkumulation jener Kapitalien, die die Industrielle Revolution erst möglich gemacht haben. Auf der anderen Seite führte die Modernisierung und Kapitalisierung der Landwirtschaft zur Zerstörung des noch mittelalterlichen bäuerlichen Gemeinwesens. Das englische Klein- und Mittelbauerntum verschwand. Ehe-

mals selbständige Bauern verdingten sich nunmehr als Lohnarbeiter in den neuentstandenen landwirtschaftlichen Großbetrieben. Das Bestreben, die Landwirtschaft mittels Einführung landwirtschaftlicher Maschinen zu modernisieren, führte zur Freisetzung von ländlichen Arbeitskräften, die die gewerbliche Nachfrage nach Arbeitskräften befriedigten.
Ein weiterer Faktor, der die Industrielle Revolution in England begünstigte, war die Durchlässigkeit der englischen Gesellschaftsstruktur, die die Entstehung eines wirtschaftlich starken Bürgertums förderte. Am Text von M. Schlenke (T 4) lassen sich die fünf wesentlichen Merkmale dieser „offenen Gesellschaft" erarbeiten: 1. Aristokratisch-hierarchische Gesellschaft; 2. hohes Maß an sozialer Mobilität; 3. offene Struktur der englischen Führungseliten; 4. kein Großbürgertum als eigenständige oppositionelle Schicht; 5. Gesellschaft mit dynamischem sozialen Gleichgewicht.
Eine Antwort auf die Frage nach dem Ursprung des Kapitals, das bei der Finanzierung der englischen Industrialisierung eine ausschlaggebende Rolle spielte, läßt sich aus dem Text des französischen Historikers F. Crouzet gewinnen (T 6). Crouzet weist nach, daß vor allem brancheneigenes, von Kaufleuten, Handwerkern und Verlegern bereitgestelltes Anfangskapital, die Reinvestition von Gewinnen und die Kredite der Privatbanken bei den Industrieinvestitionen in England von entscheidender Bedeutung waren. Ein allgemeiner Kapitalmarkt fehlte jedoch.
Zum Verständnis des Industrialisierungsprozesses in England ist es aber auch notwendig, den Schülern einen Einblick in dessen ideologische Fundierung, die kapitalistische Wirtschaftsideologie, zu vermitteln. Diese kapitalistische Wirtschaftsideologie zeigt sich zum einen in einem bestimmten individuellen Wirtschaftsverhalten, das nach Ansicht des deutschen Nationalökonomen und Soziologen Max Weber wesentlich aus einer puritanisch-calvinistischen Erwerbsethik resultierte (T 5). Nicht Besitz, sondern der Genuß des Reichtums ist sittlich verwerflich; Arbeit ist der von Gott vorgeschriebene Sinn des Lebens; Berufsleben als Bewährung des „Gnadenstandes"; Maßstab der Nützlichkeit und Gottgefälligkeit eines Berufes ist die privatwirtschaftliche „Profitlichkeit"; Gewinnstreben und Reichtum sind Ausdruck göttlicher Erwähltheit (Prädestination).
Zum anderen gründete sich die kapitalistische Wirtschaftsideologie auf eine liberalistische Wirtschaftstheorie (T 7), die 1776 von dem englischen Nationalökonomen Adam Smith verbalisiert worden war. Smith forderte, wie der Textauszug zeigt, die Freiheit des Wirtschaftslebens (Gewerbe- Handels-, Unternehmer-, Koalitions-, Wettbewerbsfreiheit) von staatlichen Eingriffen (Abbau der merkantilistischen Beschränkungen). Das freie Individuum sollte nach Smith ohne staatliche Bevormundung im freien Wettbewerb und allein vom Nutzen geleitet wirtschaften (Laisser-faire). Dem Staat fallen in einem solchen System völliger Wirtschaftsfreiheit nach Smith folgende Aufgaben zu: Sicherung des äußeren und inneren Friedens; Gewährleistung eines ordnungsgemäßen Ablaufs des wirtschaftlichen Verkehrs (rechtliche Bestimmungen und Regeln); unmittelbare wirtschaftliche Betätigung wird dem Staat nur auf dem Felde der Infrastruktur (z. B. Energieversorgung, Verkehr, Ausbildungswesen) zugestanden.
Die Graphik über die unerläßlichen Voraussetzungen industrieller Revolutionen (Abb. 1) bietet die Möglichkeit, das bisher Erarbeitete in einen größeren Wirkungszusammenhang zu stellen und zu wiederholen.

2.2 Wirtschaftliche und technische Wandlungen in der Industriellen Revolution

Lernziele
1. Kenntnis grundlegender Erfindungen im Bereich der englischen Textil- und Eisenproduktion im 18. Jahrhundert, die den Durchbruch der Industriellen Revolution ermöglichten.
2. Einsicht in die ökonomischen Bedingungen, die Funktionen und Auswirkungen der technischen und arbeitsorganisatorischen Neuerungen im Prozeß der Industrialisierung.
3. Beurteilung des spezifisch Neuen der industriellen Produktionsweise.

Begriffe

Dampfmaschine (1769)	Leitsektoren
Mechanischer Webstuhl (1785)	Baumwollindustrie
Puddelverfahren (1784)	Eisenindustrie
	Arbeitsteilung
	Binnenschiffahrt
	Eisenbahn

Es erscheint sinnvoll, zu Beginn der Einheit mit den Schülern der Frage nachzugehen, warum die für die Industrielle Revolution wichtigen technischen Neuerungen gerade in England gemacht wurden. Antworten auf diese Frage lassen sich aus dem Text des Historikers W. Treue gewinnen (T 1). Nach Treue sind es vor allem zwei wesentliche Aspekte, die Erfindungen in England begünstigten. Zum einen die offene englische Gesellschaftsstruktur, die sich vor der anderer europäischer Staaten abhob und zum anderen das gänzliche Fehlen berufsständischer Schranken.

Technische Entwicklung		Wirtschaftlich-gesellschaftliche Entwicklung
Seit 1750 breiter Zugang „kleiner" Erfinder und Bastler	←	Einfluß des Bildungssystems. Verbürgerlichung des Adels. Lebensstandard.
Prämien für Personen, die ihre Erfindung nicht patentieren lassen	←	„Gesellschaft zur Förderung der Künste" (Society for the Encouragements of Arts, gegründet 1774)
Crompton erhielt für die Erfindung seiner Spinnmaschine Mule (1775) 5000 Pfund Sterling	←	Unterstützung der Erfinder durch das Parlament.
Seit dem 17. Jh. Kontakte zwischen gesellschaftspolitischen Organen und Naturwissenschaftlern (Newton)	←	Royal Society, gegründet 1660, eine Vereinigung naturwissenschaftlich und technisch interessierter Persönlichkeiten.
↓		↓
		Während in Deutschland und Frankreich Erfinder vorwiegend aus Handwerker- und Kleinbürgertum stammten, kommen die englischen Erfinder aus gebildeten und gehobenen Schichten mit Auslandserfahrungen.
Technische Erfindungen	→	zur Verkürzung der Produktions- und Transportzeiten und damit zur Freisetzung von Umsatzkapital.
↓		↓
Entstehung eines gut ausgebildeten Facharbeiterstammes mit steigendem Lebensstandard.		Anlagekapital kann in neuen Betrieben bei geringen Gründungskosten für zunächst einfache Machinen und Kraftanlagen eingesetzt werden. Es dient zum Bau von Kommunikationsträgern (Straßen, Kanälen, später Eisenbahn und Dampfschiffahrt.)
↓		↓
Englische Mechaniker aller Grade wurden zu Nachbau und Anpassung der in England erfundenen Maschinen in Italien, Frankreich und Deutschland eingesetzt, weil sie:	→	keinen Zunftschranken und Geboten der „gerechten Nahrung" unterworfen und nicht in der Anwendung individueller Fähigkeiten behindert wurden. Sie zeichneten sich durch empirische Fertigkeiten aus.

Aus dem Text des Historikers R. M. Hartwell können die Schüler einige Erfindungen, die für die Industrielle Revolution in England von Bedeutung waren, kennenlernen (T 2). Mit Hilfe von Lexika und dem Lehrbuch können die genannten Erfindungen um die nichtgenannten ergänzt werden. Im Unterricht sollte dann versucht werden, die Erfindungen unter übergeordnete Kategorien (Kraft- und Arbeitsmaschinen und Kombinationen) zusammenzufassen. Dadurch kann den Schülern die Einsicht vermittelt werden, daß die industrielle Produktionsweise im Fabriksystem erst durch die Kombination von Arbeits- und Kraftmaschinen sowie durch den standortabhängigen Einsatz der Dampfmaschine als Energieträger möglich war.

Kraftmaschinen	Arbeitsmaschinen	Kombinationen	Eisenverarbeitung
1705 Dampfmaschine (Thomas Newcomen)	**1733** Fliegendes Weberschiffchen (John Kay)		**1709** Eisengewinnung aus Koks (Abraham Darby)
1769 Dampfmaschine (James Watt)	**1768** Spinnmaschine (Spinning Jenney) (James Hargreaves)		**1742** Gußstahl in England
	1769 Baumwollspinnmaschine (Richard Arkwright)		**1766** Erzverhüttung in Hochöfen
	1779 Mule-Spinnmaschine (Samuel Crompton)		**1780** Mechanisiertes Walzverfahren in der Eisenerzeugung (Henry Cort)
	1785 Mechanisierter Webstuhl (Edmund Cartwrigth)	**1802** Dampfwagen für Straßenverkehr (Richard Trevithick)	**1784** Puddelverfahren für die Überführung von Roh- in Schmiedeeisen (Henry Cort)
	1805 Netzstrickmaschine (C. J. M. Jacquard)	**1803** Lokomotive (Richard Trevithick)	
	1830 Nähmaschine (R. Roberts)	**1807** Dampfschiff (Robert Fulton)	
	1834 Getreidemähmaschine (McCormick)	**1814** Lokomotive (George Stephenson)	

Welche Auswirkungen die technischen Neuerungen für die einzelnen Wirtschaftssektoren hatten, läßt sich an Hand der Folgen der technischen Neuerungen für die beiden Leitsektoren der Industriellen Revolution, nämlich die Baumwoll- und Eisenindustrie, erarbeiten (T 3, Abb. 1–3). Die neuen Technologien, verbunden mit Neuerungen in der Organisation der Arbeit (Arbeitsteilung), kamen zunächst in der Baumwollindustrie zu durchschlagendem Einsatz. Vor allem die Entwicklung des mechanischen Webstuhls (1785) durch Edmund Cartwright unter Verwendung der Wattschen Dampfmaschine zum Antrieb der Spinnmaschinen gab den Anstoß zur englischen Textilgroßindustrie. Für den zweiten Führungssektor, die Eisenindustrie, wird deutlich, daß die neuen technologischen Grundlagen (Koksschmelz- und Puddelverfahren) die Grundlage für eine beachtliche Expansion der englischen Roheisenindustrie waren, unter allmählicher Loslösung von der älteren Holzkohletechnik. Die Wechselwirkung zwischen Technik und Organisationsstrukturen zu Beginn der Industrialisierung in England läßt sich an den Wechselwirkungen zwischen Textilindustrie, Maschinenbau und Eisenindustrie veranschaulichen[18].

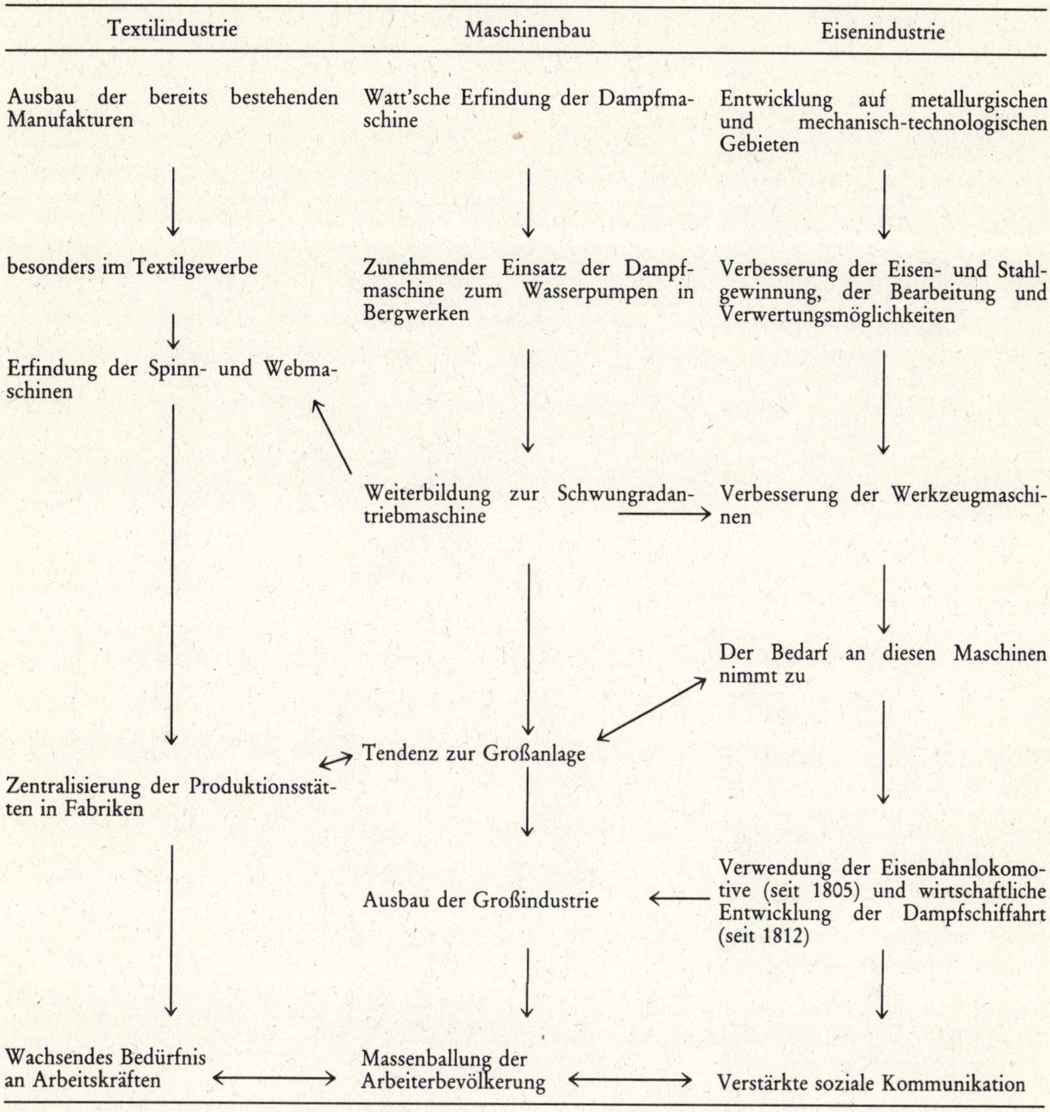

Es wird insgesamt nochmals deutlich, daß erst durch die Kombination von Arbeits- und Kraftmaschinen und den Einsatz der Dampfmaschine eine massenhafte und rationelle Güterproduktion möglich war.

Neben den Erfindungen war auch die Arbeitsteilung als arbeitsorganisatorische Neuerung für den Industrialisierungsprozeß von grundlegender Bedeutung. Aus dem Text von Adam Smith (T 4) lassen sich die wesentlichen Merkmale der arbeitsteiligen Produktion gewinnen. Nach Smith führt die Arbeitsteilung, d. h. die Zerlegung des gesamten Herstellungsverfahrens in einzelne Schritte, zu einer beträchtlichen Steigerung der Produktivität. Darüber hinaus bringt sie eine fachliche Spezialisierung, Zeitersparnis und die Erfindung von arbeitserleichternden Maschinen hervor.

Die vorhin aufgezeigte Entwicklung in der Textil- und Eisenindustrie verstärkte die Nachfrage nach einem leistungsstarken und billigen Transportwesen, woraus eine Ausweitung des englischen Transport- und Verkehrssystems resultierte (T 5, Abb. 4).

2.3 Die sozialen Wandlungen in England

Lernziele

1. Kenntnis von den unterschiedlichen sozialen Wandlungen in England im Zuge der Industriellen Revolution.
2. Einsicht in die Verhaltensänderungen von Adel-, Groß- und Kleinbürgertum zueinander im Zuge der Industriellen Revolution.
3. Einsicht, daß die Zerstörung der traditionellen Lebensweise der englischen Arbeiterschaft durch die Industrielle Revolution ein entscheidendes Element der sozialen Auswirkungen der englischen Industrialisierung war.
4. Beurteilung der Fähigkeit der englischen Gesellschaft, Konflikte innerhalb der bestehenden gesellschaftlichen und politischen Ordnung auszutragen, ohne das gesamtgesellschaftliche System selbst zu gefährden.

Begriffe

Soziale Schichtung	Arbeitsdisziplin
Adel	Slums
Großbürgertum	Verelendung
Kleinbürgertum	Pauperismus
Arbeiterschaft	Gewerkschaften
Fabrikarbeit	Chartistenbewegung
Arbeitszeit	

Als Einstieg in die Problematik bietet sich die Besprechung der Karikatur „Reichtum und Armut" aus der satirischen englischen Zeitschrift „Punch" an (Abb. 1). Aus ihr lassen sich erste Erkenntnisse über die sozialen Verhältnisse in der ersten Hälfte des 19. Jahrhunderts in England gewinnen. So werden die drei gesellschaftlichen Gruppen Adel, Bürgertum und Arbeiterschaft in ihrer Alltagswirklichkeit vorgestellt. Dabei wird sichtbar, wie Adel und Großbürgertum in Wohlstand schwelgen und in ihrem Lebensstil auffallende Ähnlichkeiten aufweisen. Die Alltagswirklichkeit der Arbeiterschaft dagegen erscheint wie eine Gegenwelt: Kinderarbeit; ausgemergelte, von Hunger und Krankheit gezeichnete Gestalten, in deren Gesichtern sich ihr ganzes Elend, ihre Hoffnungslosigkeit, ja teilweise sogar Resignation widerspiegelt.
An Hand der Analysen und des Vergleichs der sozialen Schichtung in England 1688 und 1800 (Tab. 1) kann der Frage nachgegangen werden, inwieweit die Industrialisierung auf das englische Gesellschaftsgefüge eingewirkt hat.
Nähere Einzelheiten über die sozialen Veränderungen, die die Industrielle Revolution für die englische Ober- und Mittelschichten brachte, lassen sich dem Text des britischen Historikers Sidney Pollard entnehmen (T 1). Pollard versucht, die Entwicklung nachzuzeichnen, die es dem Adel ermöglichte, seine politische und Statusstellung an das gewerbliche Bürgertum zu übergeben. Die Gründe dafür sieht Pollard im erstarkenden Reichtum des grundbesitzenden Adels, in den gemeinsamen wirtschaftlichen Interessen von Adel und Bürgertum, im Vorbeugen gegen radikale Umwälzungstendenzen im Bürgertum und im alten Prinzip „divide et impera".
Aussagen über die wesentlichen Merkmale und die Struktur der englischen Arbeiterschaft lassen sich an Hand der Texte des Historikers Martin Schlenke erarbeiten (T 2, T 3). Schlenke stellt als charakteristische Kennzeichen der englischen Arbeiterschaft die Handarbeit, die Lohnarbeit, die Unsicherheit des Arbeitsplatzes, ihre zahlenmäßige Größe und ihre gesellschaftliche Abgrenzung gegenüber den übrigen Gesellschaftsschichten heraus. Im Hinblick auf ihre Struktur weist er an Hand der vier Gruppen innerhalb der englischen Arbeiterschaft nach, daß die englische Arbeiterschaft nicht homogen, sondern in sich selbst sehr differenziert war. Von einer einheitlichen „Arbeiterklasse" kann demnach nicht die Rede sein, zumal, wie die historische Forschung nachgewiesen hat, die Gemengelage zwischen älteren Gewerben, Handwerkerbetrieben und neuen Industrien auf lange hinaus fortbestand und sich große Teile der Arbeiterschaft auch in den neuen industriellen Produktionszweigen weiterhin als Handwerker und nicht als Arbeiter im modernen Sinne des Wortes verstanden.
Der folgende Text des britischen Historikers E. J. Hobsbawm soll die englische Arbeiterschaft im Zuge der Industrialisierung dokumentieren (T 4). Die Schüler können aus dem Text die vorindustriellen und die neuen industriellen Arbeits- und Lebensformen der Arbeiterschaft entnehmen und einander gegenüberstellen.

Arbeits- und Lebensformen der Arbeiterschaft

vorindustriell	industriell
1. Arbeit Familienwirtschaft (unabhängige Produktions- und Konsumtionsgemeinschaft)	**1. Arbeit** Lohnarbeit Fabrikarbeit
Verfügung über die Produktionsmittel	keine Verfügung über die Produktionsmittel
persönliches Abhängigkeitsverhältnis zum Arbeitgeber	unpersönliches Abhängigkeitsverhältnis (Barzahlungsnexus)
2. Arbeitsrhythmus abhängig vom Wechsel der Jahreszeiten; vom Wetter; vom Menschen bestimmt	**2. Arbeitsrhythmus** abhängig von Arbeitszeit (Uhr); rationale Arbeitsteilung; mechanische Regelmäßigkeit der Arbeit; Arbeitsdisziplin (Fremdbestimmung)
3. Ort der Arbeit hausindustrielle Produktion auf dem Bauernhof, im Handwerksbetrieb, auf dem Lande oder in der Kleinstadt (Einheit von Wohnung und Arbeitsstätte)	**3. Ort der Arbeit** Fabrik in der Stadt (Trennung von Wohnung und Arbeitsstätte)

In Anbetracht der aufgezeigten qualitativen Veränderungen für die englische Arbeiterschaft im Zuge der Industrialisierung wird zu überlegen sein, wie die englische Arbeiterschaft darauf reagieren konnte. Aspekte zur Beantwortung der Frage lassen sich aus dem Text des Historikers W. J. Mommsen gewinnen (T 5). Mommsen unterscheidet drei Reaktionsphasen der englischen Arbeiterschaft:

Phase/Zeit	Form	Ziel/Forderung	Aktionsformen	Ergebnis
1. Phase 1760/70–1832	Aufgrund von Versammlungs-, Vereins- und Agitationsverboten gelegentlich spontaner und gewaltsamer Protest der Arbeiterschaft (1811–1814: Luddismus, 1830: Bewegung des Captain Swing).	Stoßrichtung: industrielles System. Erhalt der Arbeitsplätze, Durchsetzung von Minimallöhnen	Aufläufe, Brandstiftungen, Werksabotage, Maschinenstürmerei	Niederschlagung durch staatliche Gewalt (Strafgesetze, Militäreinsatz)
2. Phase 1832–1837	Gewerkschaftsbewegung (beeinflußt durch die Ideen der Soziallehre Robert Owens)	angemessene Löhne, erträgliche Arbeitsbedingungen	Streik	Scheitert an der vereinigten Macht von Unternehmern und Staatsgewalt
		Parlamentsreform zur Beseitigung der sozialen Mißstände	Aktionseinheit mit dem Bürgertum zur Durchsetzung der Parlamentsreform (1832); Unruhen, Versammlungen	Parlamentsreform (1832) läßt das gewerbliche Bürgertum ins Parlament einziehen, ohne den Einfluß des alten Landadels zu schwächen. Die Arbeiterschaft bleibt vom Parlament ausgeschlossen.
3. Phase 1838–1858	Chartistenbewegung (sozialrevolutionäre Bewegung)	politische Emanzipation der Arbeiterschaft als Vorbedingung der Besserung der sozialen und ökonomischen Lage der Arbeiterschaft	Arbeiterversammlungen Petitionsbewegung Streik	Scheitert an – geringer Organisation der Arbeiterschaft – religiöser Bindung der Arbeiterschaft – der sozialen Differenzierung der Arbeiterschaft – mangelndem Klassenbewußtsein
		„The People's Charter" (1838) 1. jährliches Parlament 2. allgemeines Wahlrecht 3. Gleichheit der Wahlbezirke 4. geheime Wahl 5. Abschaffung jeder Bindung des passiven Wahlrechts an Besitz und Einkommen 6. Diäten für Parlamentarier gerechtere Besteuerung sozialpolitische Maßnahmen		Reformmaßnahmen (z. B. Ausdehnung der Fabrikgesetzgebung, Selbsthilfeorganisationen) partielle Reintegration der Arbeiterschaft in das bestehende politische System (1867: Wahlrecht für niedere Mittelschicht und städtische Arbeiter) wirtschaftliche Prosperität mildert die sozialen Spannungen

Zum Abschluß der Einheit kann man mit den Schülern zum einen die Frage diskutieren, warum es in England trotz der ökonomischen und sozialen Wandlungen nicht zu einer Revolution und damit zu einer radikalen Umwälzung der damaligen gesamtgesellschaftlichen Verhältnisse kam (offene Gesellschaft, soziale Aufstiegsmöglichkeiten, Flexibilität des grundbesitzenden Adels, Differenzierung und mangelnde Homogenität der Arbeiterschaft, Reintegration von gewerblichem Bürgertum [1832] und [städtischer] Arbeiterschaft [1867] in das politische System, Anpassung der staatlichen Verhältnisse an die gesellschaftlichen); zum anderen kann man auch diskutieren, worin das spezifisch revolutionäre der Industriellen Revolution bestand, womit eine Wiederholung wesentlicher Gesichtspunkte der Einheit möglich wäre.

3. Die Herausbildung der industriellen Gesellschaft in Deutschland und in Mitteleuropa

3.1 Der Wandel auf dem Land

Lernziele

1. Kenntnis der Lage der Bauern in der vorindustriellen Zeit.
2. Einsicht in die Bedeutung der „Bauernbefreiung" und der Regulierungsedikte für die Bauern und ihre Auswirkungen für die Gesamtgesellschaft.
3. Fähigkeit, die Bedeutung der „Bauernbefreiung" für den Industrialisierungsprozeß einzuschätzen und die Beziehung zwischen Agrarreform und Industrialisierung auch für heutige Entwicklungsländer zu reflektieren.

Begriffe

Gutsherrschaft	„Bauernbefreiung"
Leibeigenschaft	Freizügigkeit
Erbuntertänigkeit	Regulierungsedikt

Eine wesentliche Voraussetzung für die Industrialisierung in Deutschland war die sogenannte Bauernbefreiung, durch die erst die für die Industrialisierung benötigten Arbeitskräfte freigesetzt wurden und durch die eine große Mobilität in Gang kam[19]. Zwar waren im westlichen Deutschland die Abhängigkeiten der Bauern schon durch die Auflösung der Grundherrschaften weitgehend abgeschafft worden, aber östlich der Elbe hatte sich gerade im 17. und 18. Jahrhundert die Erbuntertänigkeit in den Gutsherrschaften endgültig durchgesetzt. Die drückende Abhängigkeit der Bauern, die auch im Preußischen Landrecht niedergelegt war, läßt sich eindringlich an der „Bauernordnung für Vor- und Hinterpommern" (T 1) erarbeiten. Sie beschränkte sich nicht nur auf die Dienste und Abgaben, sondern schloß auch die Dienstpflicht der Kinder und die Genehmigungspflicht bei Heiraten ein. Die Lage der Bauern war zudem dadurch erschwert, daß der Adlige für sein Gut die Polizeigewalt besaß, so daß Einsprüche weitgehend ohne Erfolg blieben. Auch konnte ein Bauer von seinem Hof „abgesetzt" werden, wenn er seinen Acker nicht „gehörig" bestellte. Er blieb aber weiterhin zum Gut zugehörig. So war der Willkür Tür und Tor geöffnet.

Für die preußischen Reformer war die Leibeigenschaft nicht nur ein wesentliches Hindernis bei dem Prozeß, die Menschen an den Staat heranzuführen, sondern erschien auch von dem Gedanken der Wirtschaftlichkeit her nicht sinnvoll, weil sie die Eigentätigkeit der Bauern hemmte und so eine wesentliche Hürde bei der Erhöhung der landwirtschaftlichen Produktion darstellte. Das Edikt „Den erleichterten Besitz und den freien Gebrauch des Grundeigentums sowie die persönlichen Verhältnisse der Landbewohner betreffend" (1807) war nur ein Teilerfolg, weil es einerseits zwar eine gewisse Mobilität ermöglichte, andererseits waren die ökonomische Abhängigkeit und die Frage der Ablösung der Lasten späteren Edikten vorbehalten geblieben.

Diese späteren Regulierungsedikte haben die ganze Reform noch stärker verwässert. Von daher erhebt sich die Frage, ob die Edikte die Bauern wirklich freimachten oder ob sie gar neue Abhängigkeiten schufen. Die Ablösung der Frondienste konnte (Regulierungsedikt von 1811) nur durch die Abgabe eines Drittels des Bauernlandes an den Gutsherren erreicht werden. Somit erhielt der Adel erhebliche ökonomische Vorteile durch die Reform[20]. Viele Bauern waren nun gezwungen, als Tagelöhner auf dem Gut zu arbeiten oder ihr Land überhaupt aufzugeben und in die Städte abzuwandern.

Die heftigen Auseinandersetzungen, die damals um die Abschaffung der Leibeigenschaft geführt wurden, lassen sich wahrscheinlich nicht allein auf den Gegensatz zwischen liberalen preußischen Reformen und konservativen Landjunkern reduzieren. Es gehen hier recht unterschiedliche Interessen ein. Die Schüler sollten zunächst die Argumente, die für und gegen die Leibeigenschaft ins Feld geführt wurden, zusammentragen. Danach gilt es, die Interessen der einzelnen Gruppen herauszuarbeiten, wobei auch die Position des Bürgertums, das an Mobilität von Grund und Boden und später auch an Arbeitskräften für die beginnende Industrialisierung interessiert war, berücksichtigt werden muß. Schließlich sollte im Gespräch versucht werden, das Gesellschaftsbild der konkurrierenden Gruppen zu erfassen. Die Warnung des konservativen märkischen Gutsbesitzers und Generals Friedrich August von der Marwitz vor einer Kommerzialisierung von Gut und Boden war sicherlich nicht ganz von der Hand zu weisen, wie die Zukunft bewies, andererseits verteidigte er hier eigene handfeste materielle Interessen und vertrat noch das Bild der alten feudalen, immobilen Gesellschaft.

Die folgenden Auszüge aus den Werken des liberalen Schriftstellers Friedrich Spielhagen (T 6) und des Sozialdemokraten Franz Rehbein (T 7) sollen die Situation in der Folgezeit des 19. Jahrhunderts auf dem Lande dokumentieren. An Spielhagens Erinnerungen wird sichtbar, wie wenig sich im Osten – trotz der Reformen – an der tatsächlichen Lage der Bauern geändert hatte. Ihre Lage hob sich auch weiterhin stark von der der Bauern im Westen Deutschlands ab. Franz Rehbein weist allerdings darauf hin, daß auch in der Landwirtschaft die Technisierung Eingang fand. Doch wirkte auch sie sich häufig zum Nachteil der Landarbeiter aus. Von beiden Aussagen her wird erst verständlich, warum es seit den 60er Jahren des 19. Jahrhunderts zur großen Abwanderung aus dem Osten in die Industriegebiete des Westens kam.

Zum Schluß sollte noch auf die grundlegende Problematik eingegangen werden, ob nicht vor jeder Industrialisierung eine Landreform oder eine Reform der Landwirtschaft nötig war und ist, wie es die Beispiele von England, Frankreich und Deutschland zu bestätigen scheinen. Ob dies auch für heutige Entwicklungsländer, die vor einer Industrialisierung stehen, gilt, sollte offen diskutiert werden.

3.2 Die Industrialisierung in Mitteleuropa

Lernziele

1. Kenntnis des Ablaufs der Phasen und der besonderen Bedingungen der Industrialisierung in Deutschland.
2. Kenntnis der Änderungen in der Produktionsweise, des sozialen Wandels sowie der Herkunft der Arbeiter.
3. Einsicht in die Problematik, daß die Industrialisierung in Deutschland eine „abgeleitete Entwicklung" war und daß sie ohne „politische Modernisierung" durchgeführt wurde.

Begriffe

Gewerbefreiheit (1810)	Verlag
Deutscher Zollverein (1834)	Manufaktur
	Proto-Industrialisierung
Wirtschaftsliberalismus	Take-off
Modernisierung	primärer, sekundärer und tertiärer Sektor

Die Einheit „Industrialisierung in Mitteleuropa" ist breiter dokumentiert, da es sich hier nicht nur um den Ablauf und die einzelnen Phasen im Industrialisierungsprozeß in den unterschiedlichen Wirtschaftsbereichen, sondern auch um die besonderen wirtschaftlichen und gesellschaftlichen Bedingungen geht, unter denen sich die Industrialisierung in Deutschland vollzogen hat. Der Industrialisierung entsprach hier nämlich in vielem keine politische und gesellschaftliche Modernisierung wie in England[21]. Man wird deshalb eventuell – je nach dem Interesse und dem Leistungsstand der Klasse – mehr Zeit auf diese Einheit verwenden.
Zunächst wird die Frage nach der Ausgangslage Deutschlands und den besonderen Voraussetzungen und Bedingungen für die Industrialisierung Deutschlands gestellt werden müssen. Die günstigen und ungünstigen Faktoren lassen sich dabei anhand des Textes von Karl Borchardt (T 1) auflisten. Auf der einen Seite standen die politische Zersplitterung Deutschlands, die gesellschaftliche und wirtschaftliche Immobilität durch Zünfte, feudale Abhängigkeiten und die geringe Entwicklung des Bürgertums, auf der anderen Seite gab es aber schon stärker gewerblich orientierte Gebiete, protoindustrielle Ansätze und vor allem Rohstoffe wie Kohle und Erze, die für die Industrialisierung nötig waren.
Man kann die Verteilung dieser frühen Gewerbegebiete anhand einer Karte aus dem Geschichtsatlas mit dem Stand der Industrialisierung von 1860 (Abb. 3) vergleichen[22]. Die neuen Industriegebiete knüpfen nur zum Teil an die älteren Gewerbegebiete an. Die sich jetzt herausbildenden industriellen Schwerpunkte, die wesentlich durch die Kohle als Grundlage der industriellen Produktion bestimmt waren, liegen eindeutig an Rhein und Ruhr, in Sachsen und in Oberschlesien.
Diese Entwicklungen wären ohne den Zollverein nicht möglich gewesen. Vorstöße in dieser Richtung wurden schon kurz nach dem Wiener Kongreß unternommen. Die Bittschrift der deutschen Kaufleute und Fabrikanten an die Bundesversammlung vom 14. April 1819 zeigt deutlich die Vorstellungen und Interessen der Initiatoren (T 2a). Vorbild waren die von Binnengrenzen befreiten Länder Frankreich und England. Der am 1. Januar 1834 inkraft getretene Zollverein vereinigte dann schon fast alle Gebiete des späteren Deutschen Reiches und zielte, neben gemeinsamen Zöllen, zur Vereinfachung von Handel und Gewerbe auch auf gleiche Münz- und Gewichtssysteme ab (T 2b).
Nachdem die Rahmenbedingungen für die Industrialisierung besprochen worden sind, sollte versucht werden, den Ablauf der Industrialisierung in seinen einzelnen Phasen zu erfassen (T 3 und Abb. 2). Eine genaue Periodisierung ist im einzelnen schwierig, weil im Industrialisierungsprozeß manche Regionen als „Vorreiter", andere als „Nachzügler" auftraten[23], doch lassen sich etwa drei Phasen unterscheiden:
Bis 1835 eine vorbereitende Phase;
1835–1873 Frühindustrialisierung;
1873–1913 Hochindustrialisierung.
Die Bedeutung dieser Phasen kann man auch an den Statistiken zur Wirtschaftsentwicklung untersuchen. Dabei ist der Vergleich mit dem schon behandelten Großbritannien interessant, zeigt sich hier doch, wie Deutschland etwa in der Roheisenproduktion in der ersten Hälfte des 19. Jahrhunderts nur einen Bruchteil der englischen Produktion erreichte (Tab. 2). In den Anteilen an der industriellen Produktion der Welt (Abb. 4) spiegelt sich dann am Ende des Jahrhunderts die entstehende Rivalität der Großmächte im Imperialismus.
Der soziale Wandel läßt sich vor allem an der Abb. 1 (Änderung der Struktur der Produktionsweise im gewerblichen Sektor und Herkunft der industriellen Arbeiterschaft), an der Abb. 2 (Entwicklung des gewerblichen Sektors im Zeitalter der Industrialisierung nach der Zahl der Beschäftigten) und der Tab. 4 (Entwicklung der Beschäftigtenzahl in den einzelnen Wirtschaftssektoren) erarbeiten[24]. Die alte vorindustrielle Ordnung mit Handwerk, Manufaktur und Verlag wandelte sich zugunsten eines sehr viel differenzierteren Systems. Man muß sich bei der Analyse aber immer wieder vor Augen führen, daß dieser Umstrukturierungsprozeß sich innerhalb von knapp zwei Generationen abspielte und mit erheblichen Härten, sozialen Mißständen und sozialen Kosten verbunden war.
Schließlich sollte man sich dem Problem der offensichtlichen Diskrepanz zwischen der raschen Industrialisierung und der politischen und gesellschaftlichen Modernisierung zuwenden, da sich von hier erhebliche Spannungen und Konflikte in der deutschen Gesellschaft vor dem Ersten Weltkrieg und

darüber hinaus ergaben[25]. Die Ursachen lagen vor allem darin, daß das Bürgertum anders als in England seit 1688 und in Frankreich seit der Revolution von 1789 weitgehend auf den wirtschaftlichen Bereich beschränkt war und von der Partizipation an politischen Entscheidungsprozessen im wesentlichen ausgeschlossen blieb. Seit der Indemnitätsvorlage von 1866 war die Kraft des politischen Liberalismus zudem endgültig zerbrochen und begann den Kompromiß mit der konservativen Ordnung zu suchen. Das liberale Bürgertum konnte so seiner historischen Rolle nicht gerecht werden. Damit hat die „deutsche Industrialisierung das liberale Prinzip verschlungen statt es zu entfalten", wie Ralf Dahrendorf formuliert hat[26].

Interessant und sehr diskussionswürdig ist in diesem Zusammenhang die These von Karl Borchardt, daß sich schon im 19. Jahrhundert neben der Ost-West-Spaltung Deutschlands auch eine Nord-Süd-Spaltung nachweisen läßt (T 5). Man kann diese Diskussion erweitern mit der Frage, inwieweit Industrialisierung und Modernisierung Hand in Hand gehen oder ob sich auch dabei Diskrepanzen feststellen lassen (Apartheidspolitik in Südafrika, hierarchisch-traditionelle Ordnung in der japanischen Industriegesellschaft, Industrialisierung in den Entwicklungsländern).

3.3 Die Entstehung des vierten Standes und seine Lebensverhältnisse

Lernziele

1. Kenntnis der Lage des neu entstehenden vierten Standes, die durch entfremdete Fabrikarbeit, Wohnungsnot und soziales Elend gekennzeichnet war.
2. Einsicht in den sozioökonomischen und den soziokulturellen Wandel sowie in die Änderungen des privaten Verbrauchs.
3. Einsicht in den Bewußtseinswandel, der sich in der Arbeiterschaft im 19. Jahrhundert vollzog („Vom Pöbel zum Proletariat")[27].

Begriffe

Vierter Stand – Proletariat	Fabrikordnung
Pauperismus	Kinderarbeit
Entfremdung	Soziale Disziplinierung

Um sich ein Bild von der realen Situation am Arbeitsplatz im 19. Jahrhundert zu verschaffen, sollte auf die Fabrikordnung der Baumwollspinnerei „Staub und Söhne in Altenstadt" (1853) eingegangen werden (T 1). Mit Verboten und harten Strafen, die an die Arbeitshäuser des 18. Jahrhunderts erinnern, versuchten die Unternehmer ihre Interessen und die Arbeitsdisziplin durchzusetzen. Man kann fragen, in welchen Paragraphen der Ordnung die Abhängigkeit der Arbeiter besonders deutlich ihren Ausdruck fand (Bezahlung der Schäden, Abzüge vom Lohn, Einbehalten eines Wochenlohnes bei Arbeitsaufnahme, Möglichkeit zur fristlosen Kündigung seitens des Unternehmers bei gleichzeitiger sechswöchiger Kündigungsfrist seitens des Arbeiters). Die Arbeiter waren nach solchen Fabrikordnungen dem Fabrikherrn auf Gedeih und Verderb ausgeliefert.

Eine besondere Umstellung bildete für die Fabrikarbeiter die für sie oft ungewohnte Arbeitsdisziplin, die Arbeit nach der Uhr, die mit dem Fabriksystem verbunden war. Saisonbedingte Ruhepausen, wie sie für die Landwirtschaft im Winter oder witterungsbedingt üblich waren, fielen jetzt weg. Mit empfindlichen Strafen wurden die Arbeitsdisziplin und auch die sich daraus ergebende soziale Disziplinierung erzwungen. Pünktlichkeit und Ordnung wurden schon Kindern in der Schule eingeschärft. Es sollten auch die Auswirkungen dieser „sozialen Disziplinierung" auf andere Bereiche und auf die Gesamtgesellschaft diskutiert werden (Familienleben, Schulwesen, Tendenzen zur Hierarchisierung und Militarisierung). Die sich ausweitende Arbeitszeit in der ersten Hälfte des 19. Jahrhunderts läßt sich gut an der Abb. 1 (Arbeit und Freizeit in Deutschland 1800–1914) ablesen. Während sich im Bereich des Bürgertums der Begriff Freizeit allmählich ausbildete und auch in bürgerlichen Vereinen und Geselligkeiten seinen Ausdruck fand, konnte für die Arbeiterschaft angesichts der langen Arbeitszeiten erst allmählich – im 20. Jahrhundert – ein solcher Bereich entstehen.

Ein besonders trauriges Kapitel stellt in diesem Zusammenhang die Kinderarbeit dar, gegen die sich der Pädagoge Friedrich Adolph Wilhelm Diesterweg bereits 1826 wendete (T 3). Zwölf- bis vierzehnstündige Arbeitstage waren keine Seltenheit für Kinder[28]. Hinzu kamen oft lange Anmarschwege zu den Fabriken. Um den rechtlichen Anforderungen der Schulpflicht wenigstens formal zu genügen, richteten einige Unternehmer Fabrikschulen ein, in denen notdürftige Kenntnisse beigebracht werden sollten. Kritik an dieser Kinderarbeit, die von den Eltern wegen der drückenden finanziellen Lage oft noch gefördert wurde, kam nicht nur von Lehrern, sondern auch von humanitär denkenden Unternehmern (z. B. Schuchard in Barmen). Ein entscheidendes Argument für das 1839 erlassene Regulativ kam aber vom preußischen Militär, das auf den sich verschlechternden Gesundheitszustand der Rekruten aus den Industriegebieten hinwies. Das Regulativ schützte auch nur Kinder unter 9 Jahren vor Fabrikarbeit und begrenzte die Arbeit der Jugendlichen bis 16 Jahren auf 10 Stunden. Es galt nicht für den Bereich der Heimarbeit oder den der Landwirtschaft und zeigte erst allmählich Wirkungen, da zunächst kaum Einrichtungen zur Kontrolle bestanden.

Das Elend, in dem der größte Teil der Arbeiterschaft lebte und das sich vor allem auch in den Wohn- und Lebensverhältnissen manifestierte, ist für die Schüler oft nur noch schwer vorstellbar (T 4 und 5). Es sollte verglichen werden mit der Not in manchen überfüllten Städten der Entwicklungsländer, wo ähnliche Strukturen auftauchen. Aber ähnlich wie dort mochte auch noch der Kätner oder Bauernsohn aus den Ostgebieten den Zuzug in die

Städte als Aufstieg empfinden. Auch diese Problematik sollte mit den Schülern diskutiert werden.
Von nicht unerheblicher Bedeutung sind die sozioökonomischen und soziokulturellen Wandlungen im Zuge der Industrialisierung. Aufschlußreich ist in diesem Zusammenhang die Aufteilung der Haushaltsausgaben[29] (Abb. 3 und 4). In der ersten Hälfte des 19. Jahrhunderts mußten zum Teil über zwei Drittel des Einkommens für Nahrungsmittel ausgegeben werden, wobei zu berücksichtigen ist, daß die Schaubilder meist aus Haushalten stammen, in denen der Mann ganzjährig in Arbeit stand. Gerade das traf angesichts der Arbeitslosigkeit und der wechselnden Konjunkturen lange nicht auf alle zu. Da in diesen Fällen die festen Abgaben, wie Mieten, nicht gekürzt werden konnten, mußte bei Nahrung und Bekleidung gespart werden, so daß Fleisch und tierische Produkte kaum noch auf den Tisch kamen und die Nahrung sich weitgehend auf Kartoffeln und Brot reduzierte.
Immerhin lassen sich an den Schaubildern gewisse „Verbesserungen" im Laufe des 19. Jahrhunderts feststellen, wenngleich auch noch um 1900 fast die Hälfte des Einkommens in Arbeiterfamilien für Nahrung ausgegeben werden mußte. Die Schaubilder könnten unter folgenden Fragen erörtert werden:

1. Wie wandelte sich die Struktur des privaten Verbrauchs in der ersten Hälfte des 19. Jahrhunderts?
2. Welche Unterschiede lassen sich zu heute erkennen?
3. Worin sind die Anteile für Steuern und Sozialabgaben enthalten?

Bei der letzten Frage ist zu berücksichtigen, daß bis zur Bismarckschen Sozialgesetzgebung der 80er Jahre praktisch keine soziale Absicherung bei Krankheit, Invalidität, Alter und Tod bestand, so daß man auf eigene Rücklagen angewiesen war, die im normalen Arbeiterhaushalt aber kaum realisierbar waren. Nur mit Hilfe der Kinder waren die Einnahmen später zu erhöhen. Nicht zuletzt unter diesem Gesichtspunkt ist auch die starke Bevölkerungsvermehrung im 19. Jahrhundert zu sehen. Die Steuern, die heute vom Lohn oder Einkommen erhoben werden, waren damals in den Haushaltsausgaben nicht extra ausgewiesen; sie mußten vom Arbeiter aber über indirekte Steuern und höhere Preise bezahlt werden, die bei höherem Einkommen natürlich weniger stark zu Buche schlugen.
Am abschließenden Text von Werner Conze (T 6) sollten zum einen die Problematik des Pauperismus, der die erste Hälfte des 19. Jahrhunderts beherrschte, zum anderen aber auch der Bewußtseinswandel der Arbeiterschaft erarbeitet und diskutiert werden. Die alte ständische Ordnung, die die neue Schicht der Arbeiter nicht kannte, wurde immer weniger akzeptiert. Der „Pöbel" wandelte sich zum „Proletariat", das nun seine revolutionären Forderungen erhob. Man wird nach den Ursachen dieses Wandlungsprozesses und nach den Faktoren fragen müssen, die ihn bestimmten und die ein solches revolutionäres Bewußtsein entstehen ließen; gleichzeitig wird man aber die Auswirkungen zu diskutieren haben, die mit diesen Wandlungen verbunden waren.

3.4 Die Soziale Frage und ihre Lösungsversuche im 19. Jahrhundert

Lernziele

1. Kenntnis der unterschiedlichen Einschätzung der Sozialen Frage und ihrer Lösungsversuche im 19. Jahrhundert.
2. Einsicht in die Standort- und Interessengebundenheit dieser Vorschläge.
3. Fähigkeit zur kritisch-historischen Beurteilung dieser Vorschläge und zum Vergleich mit heutigen sozialen Problemen.

Begriffe

Innere Mission	Kommunistisches Manifest (1848)
Gesellenvereine	Klassenkampf
Enzyklika „Rerum novarum" (1891)	Bourgeoisie – Proletarier
Genossenschaften	Koalitionsrecht
Raiffeisenbanken	Ehernes Lohngesetz

Das Problem, was unter „Sozialer Frage" eigentlich zu verstehen ist, sollte am Anfang stehen, weil diese Frage recht kontrovers beantwortet worden ist. Ob sich die Soziale Frage allein auf den Gegensatz von Kapital und Arbeit oder auf die Abhängigkeit der Arbeiterschaft und auf die niedrigen Löhne reduzieren läßt, sollte offen diskutiert werden. Zwar sind dies sicherlich wesentliche Faktoren; es spielen aber weitere wichtige Momente hinein, so die Wandlung der traditionellen Lebensformen, die Urbanisierung, die Frage des Bewußtseins und auch die Haltung der anderen Schichten.
Die Interpretation, was „Soziale Frage" damals beinhaltete, wirkte sich auch auf die Lösungsvorschläge aus (T 1–9, Tab. 1), wobei es den „bürgerlichen Gruppen" im 19. Jahrhundert meist in erster Linie nur um eine Verbesserung der Lebens- und Wohnungssituation der Arbeiterschaft ging. Im Unterricht sollten die einzelnen Interpretationen und Lösungsversuche aufgelistet werden, wobei sich vielleicht stichwortartig die Zusammenfassung entwickeln läßt[30], die auf S. 30 skizziert ist.
Die unterschiedlichen Positionen, die noch erweitert werden können, sollten aber nicht nur additiv aufgelistet werden. Sie sind nicht gleichwertig und vor allem in ihren Theorieansprüchen recht unterschiedlich. Es kommt vor allem auf die Diskussion der unterschiedlichen Einschätzungen und Vorschläge an. Sie sollten auf ihre Grundbedingungen und auf ihre Standort- und Interessengebundenheit untersucht werden. Die Schüler sollen befähigt werden, eine eigene, begründete Stellungnahme abzugeben.

Die Soziale Frage im 19. Jahrhundert

	Einschätzung der Sozialen Frage	Lösungsvorschläge
Kirchen	Kein prinzipieller Gegensatz zwischen den Ständen und Klassen Harmonistische Gesellschaftsvorstellungen Fehlen christlicher Überzeugungen und Erziehung in den unteren Schichten	Innere Mission (Wichern) Gesellenvereine (Kolping) Gerechter Lohn (Enzyklika „Rerum novarum“, 1891) Hilfe aus christlicher Nächstenliebe Christliche Erziehung und Seelsorge
Unternehmer	Ständische Vorstellungen „Herr-im-Haus-Standpunkt“ Liberalistische Vorstellungen „Jeder ist seines Glückes Schmied“	Patriarchalische Sozialpolitik Arbeiterwohlfahrtseinrichtungen (Wohnungsbau, Sozialeinrichtungen) Keine politischen Rechte für die Arbeiter Warnung vor der Sozialdemokratie
Marx/Engels	Klassenkampf durch unterschiedliche Besitz- und Produktionsstrukturen – Bourgeois – Proletarier – Feudalherr – Leibeigener – Sklavenhalter – Sklaven – Widersprüche durch die Weiterentwicklung der Produktivkräfte – Determinismus – Gesetzmäßigkeit in der Geschichte	Klassenkampf Aufhebung der alten Produktionsverhältnisse Revolution
Gewerkschaften	Gegensatz von Kapital und Arbeit	Koalitions- und Streikrecht Verbesserung der Arbeits- und Lebensbedingungen Genossenschaftliche Selbsthilfeeinrichtungen
Sozialdemokratie	Unterschiedliche Interpretationen (z. T. Marx/Engels, Lassalle, Bernstein) Gegensatz von Kapital und Arbeit, Klassenkampf	Koalitions- und Wahlrecht Verbesserung der Arbeits- und Lebensbedingungungen Vergesellschaftung der Produktionsmittel Revolutionäre und revisionistische Bestrebungen

Die starke Theoriebezogenheit und die geschichtsphilosophischen Dimensionen treten vor allem bei der Besprechung des Kommunistischen Manifestes hervor (T 5). Für dieses wird deshalb mehr Zeit aufgewendet werden müssen. Eventuell bietet sich hier auch ein eigenes Schülerreferat an.
Die Auszüge aus den unterschiedlichen Programmen von Lassalle bis zum Gothaer Programm (T 6–9) können dann vor allem dazu dienen, die Vermischung marxistischer und revolutionärer sowie lassalleanischer Positionen und Vorstellungen aufzuzeigen. Gerade das Gothaer Programm, das von Marx stark kritisiert wurde, zeigt mit seiner revolutionären Analyse und den reformerischen Einzelforderungen den grundlegenden Zwiespalt, der sich noch bis zum Heidelberger Programm (1925) durch die Programme der Sozialdemokratie hindurchzieht. Von daher war die Spaltung von 1917 schon lange vorher angelegt. Um den Weg der SPD aufzuzeigen, kann man auch ein Schema verwenden[31].

1869
Sozialdemokratische
Arbeiterpartei
Deutschlands
(Bebel, Liebknecht)

1863
Allgemeiner Deutscher
Arbeiterverein
(Lassalle)

1875
Gotha
Sozialistische
Arbeiterpartei
Deutschlands

1890
Sozialdemokratische
Partei
Deutschlands

Die Diskussion sollte aber nicht nur auf die historische Analyse beschränkt bleiben. Es wird die Frage auftauchen, ob die Soziale Frage gelöst wurde oder im 20. Jahrhundert weiterbesteht. Dabei kann auch die Problematik diskutiert werden, ob sich die Soziale Frage weltweit ausgedehnt hat und etwa im Nord-Süd-Gegensatz ihren Ausdruck findet.
Am Schluß kann die These von der neuen Sozialen Frage in die Diskussion eingebracht werden (T 10). Die Frage, ob die ideologische Fixiertheit auf das 19. Jahrhundert die Lösung heutiger Probleme auch erschweren kann, wird vielleicht unterschiedliche Antworten finden.

3.5 Das Problem der Mobilität und die Entstehung neuer sozialer Gruppen

Lernziele

1. Kenntnis der horizontalen und vertikalen Mobilität im Zuge des Industrialisierungsprozesses.
2. Kenntnis der Bevölkerungsverschiebungen und der Herausbildung der neuen industriellen Schwerpunkte in Deutschland.
3. Einsicht in die Entstehung neuer sozialer Gruppen und in die Verhaltensänderungen, die mit der Mobilität verbunden waren.
4. Fähigkeit, die neue Schicht der Angestellten in ihrer Genese und in ihrer Bedeutung für das industrielle System einzuschätzen.

Begriffe

horizontale und vertikale Mobilität
Landflucht
Nah- und Fernwanderung
„Soziale Führungsschichten"
Angestellte

Diese Einheit soll den Blick über die Arbeiterschaft hinaus auch auf andere Gruppen der Gesellschaft lenken. Bei der Analyse der Wanderungen und der horizontalen Mobilität wird man vor allem auf die Arbeiten von Wolfgang Köllmann zurückgreifen müssen (T 1, Tab. 1, Abb. 2)[32]. Köllmann macht deutlich, daß in der ersten Phase bis in die achtziger Jahre die Umland- und die Nahwanderung dominierte, während danach die Fernwanderung in großem Umfang einsetzte, durch die der Geburtenüberschuß mancher Provinzen im Osten nach Westen abgezogen wurde. Es handelte sich hier um die größte Wanderungsbewegung innerhalb der deutschen Geschichte seit dem Mittelalter. An der Karte (Abb. 1) lassen sich die Abwanderungsgebiete und die neuen Ballungszentren genauer herausarbeiten, wobei jeweils gefragt werden muß, welche Standortvorteile die neuen Zentren zu bieten hatten (s. III.2, Abb. 3, S. 40/41).
In der Wanderung vollzogen sich auch soziale Auf- und Abstiegsprozesse, die in dem Schema der Gesellschaftsordnung und der Mobilität in der Hochindustrialisierungsperiode (Abb. 2) graphisch dargestellt sind. Es fällt auf, daß der vertikalen Mobilität, vor allem dem Aufstieg, enge Grenzen gesetzt waren. Die unteren Schichten in der Agrargesellschaft blieben auch in der industriellen Gesellschaft am Schluß der hierarchischen Ordnung. Ähnliche Tendenzen werden auch bei den Oberschichten sichtbar, was sich besonders deutlich in der Aufstellung der Herkunft der sozialen Führungsschichten am Beispiel von Unternehmern und Hochschullehrern (Tab. 2) zeigt. Die häufig vertretene liberalistische Einstellung, daß jeder seines Glückes Schmied sei, ist so für diese Phase sicherlich zu relativieren. Auf die unterschiedlichen Barrieren, die sich gerade vor den Industriearbeitern auftürmten, weist Hartmut Kaelble (T 4) hin (Kapitalbarriere, Schulbildung, Mentalität, Priorität der sozialen Sicherheit vor Wahrnehmung von Berufs- und Aufstiegschancen). Hier kann man diskutieren, inwieweit sich heute daran etwas geändert hat.
Wie die Auf- und Abstiegsprozesse im einzelnen aussehen konnten, wird eindrucksvoll sichtbar am Aufstieg eines Handwerkers zum Unternehmer (T 2) und am tragischen Schicksal eines Kleinunternehmers (T 3). Hier ist zunächst zu fragen, inwieweit ökonomische Wandlungen und Konjunkturen die Lebenswege beider Menschen beeinflußten. Gerade das Schicksal eines Kleinunternehmers wird stark von nicht durch ihn beeinflußbare wirtschaftliche Wandlungen und Konjunkturen bestimmt. Auch auf die Änderungen im Bereich traditioneller Vorstellungen und Normen, die sich an beiden Sozialbiographien ablesen lassen, muß eingegangen werden. Gerade von dem zum erfolgreichen Unternehmer aufgestiegenen Handwerker gingen sicher prägende Züge auf seine Umgebung aus.
Ein besonderer Bereich sollte mit der Problematik der neuen Angestelltenschaft angesprochen werden[33]. Diese Gruppe stand zwischen Arbeitern und Unternehmern, war ökonomisch zwar abhängig, orientierte sich aber ideologisch in ihren Auffassungen und Normen stärker am Unternehmertum, dem es diente. Die wissenschaftliche Untersuchung vor dem Ersten Weltkrieg differenzierte in die kommerzielle und technische Angestelltenschaft (T 5). Politisch neigte sie stärker zum Konservatismus, hing wohl auch radikalen Parteien an. Jedenfalls konnte sie gegen die Arbeiterschaft und die Sozialdemokratie ausgenutzt werden. Ihr Wachstum in der Gesellschaft läßt sich gut an der Statistik (Tab. 3) ablesen. Auch hier wird man nicht nur nach den Ursachen für das Entstehen dieser Schicht fragen müssen, sondern auch nach den sozialen und politischen Auswirkungen für die Gesamtgesellschaft (Gegengewicht zur Arbeiterschaft, konservative Einstellungen und Normen, Übertragung betrieblicher Normen auf die Gesamtgesellschaft, Anfälligkeit gegenüber radikalen Parteien in Wirtschaftskrisen).

3.6 Verstädterung und Urbanisierung

Lernziele

1. Kenntnis der Phasen in der Städtebildung und der Urbanisierung in Deutschland im Zuge der Industrialisierung.
2. Einsicht in die wirtschaftlichen, sozialen, politischen und sozioökonomischen Wandlungen, die mit der Verstädterung und Urbanisierung einhergingen.
3. Fähigkeit über die Problematik der Verstädterung und Urbanisierung sowie über ihre positiven und negativen Seiten zu reflektieren und ihnen gegenüber auch in bezug auf die weltweite Vergroßstädterung einen eigenen Standpunkt zu gewinnen.

Begriffe

Verstädterung	Mietskaserne
Urbanisierung	Bodenrente
Stadtplanung	Terraingesellschaft
Hobrechtplan	

Der Ausgangspunkt dieser Einheit sollte der Vergleich der beiden Ansichten von der Straße „Unter den Linden“ von 1810 und 1900 bilden (Abb. 1 u. 2). In diesen Bildern spiegeln sich die ganze Dynamik und die enormen Veränderungen in der Stadtentwicklung des 19. Jahrhunderts[34]. Die Straße dient immer stärker den neuen Verkehrsmitteln. Spazierengehen und Kommunikation treten demgegenüber immer mehr zurück, eine Entwicklung, die sich seitdem durch den Autoverkehr noch erheblich weiterentwickelt hat und die inzwischen zu einem zentralen Problem der Städteplanung geworden ist. Während um 1810 noch Fußgänger und Kutschen das Bild beherrschten, dominieren um 1900 die neuen Massentransportmittel, vor allem Omnibusse und Bahn, die vor der Elektrifizierung noch von Pferden gezogen wurden. Das Bild strahlt eine größere Hektik aus. Die Uhr in der Straße rechts im Bild weist auf die zunehmende Bedeutung der genormten Zeit hin. Auch die in Berlin zuerst 1855 aufgestellte Litfaßsäule und die Reklame sowie die ins Auge fallenden Geschäftsinschriften künden neue Züge der Kommerzialisierung an. Im Zurücktreten des Grüns in den Straßen, in der Dichte und Höhe der Bebauung deutet sich der gestiegene Bodenwert an. In all dem zeigt sich der ungeheuere Wachstumsschub im 19. Jahrhundert. Betrug die Einwohnerschaft Berlins 1810 kaum 180 000, war sie bis 1910 auf über zwei Millionen hochgeschnellt.

Um diesen ersten Eindruck zu differenzieren, muß auf die Karte (Abb. 3) zurückgegriffen werden, aus der sich die Phasen der Städtebildung herausarbeiten lassen. Die Karte zeigt nicht den gesamten Urbanisierungsprozeß, sondern vor allem die Neubildung von Städten oder neue Bevölkerungsschübe bei älteren Städten. Deutlich heben sich aber die Zentren an Rhein und Ruhr, in den sächsischen und oberschlesischen Industriegebieten sowie mit verminderter Intensität im nordwestlichen Küstengebiet heraus. Man muß dabei berücksichtigen, daß nicht alle neuen Städte reine Industriestädte waren, auch Handelszentren, Verwaltungsmittelpunkte oder Kurstädte profitierten vom Industrialisierungsprozeß. Es zeigt sich, daß die Verstädterung vor allem in den vierziger Jahren einsetzte, ihren Boom aber erst in der Hochindustrialisierungsphase nach 1870 erlebte. Man kann sagen, daß Deutschland innerhalb eines knappen halben Jahrhunderts, von 1870–1914, sich von einem noch stark agrarisch bestimmten Land zu einem verstädterten Industriestaat wandelte (siehe auch Abb. 4).

Wie stark dies auch schon den Zeitgenossen bewußt wurde, zeigt sich an der Schilderung Karl Schefflers, der die Wandlung eines Dorfes in der Nähe von Lübeck zur Stadt beschreibt (T 1). In seiner Darstellung überwiegen deutlich die negativen Akzente (Stockwerkhäuser, Mietskasernen, Spekulation, soziale Umschichtung, Verproletarisierung, Verhaltensänderungen der Menschen). Immerhin weist er auch auf die vielfältigen zivilisatorischen Neuerungen und Fortschritte hin, die die Verstädterung mit sich brachte, und die nun die Stadt- und Bauverwaltungen mit großer Intensität vorantrieben, wobei allerdings die reicheren Stadtviertel meist bevorzugt wurden (Straßenbau, Gasbeleuchtung, Wasserversorgung, Kanalisation, Elektrizität und Bahnen). An dieser Stelle kann der begriffliche Unterschied zwischen Verstädterung und Urbanisierung angesprochen werden. Während die Verstädterung meist nur das Anwachsen der Stadtbevölkerung und die Vergrößerung der Zahl der Städte bedeutet, zielt die Urbanisierung stärker auf die Herausbildung besonderer städtischer Lebensformen ab. Allerdings läßt sich eine solche Trennung nicht immer vollziehen; manchmal werden auch beide Begriffe identisch gebraucht. Man muß dabei aber bedenken, daß die Umstellung von agrarischen Lebensformen, in denen die meisten der Zuwanderer aufgewachsen waren, damals wie auch heute erhebliche Probleme für die Betroffenen mit sich brachten.

Die sozialen und städtebaulichen Probleme, die sich im Laufe des Industrialisierungsprozesses im 19. Jahrhundert ergaben, lassen sich gut am Hobrechtplan in Berlin studieren[35]. Die rasch steigenden (T 2) Einwohnerzahlen der Städte erforderten immer neue Stadterweiterungen. Der Boden wurde nach liberalistischer Wirtschaftsordnung zum Spekulationsobjekt. Unter dem Zwang, für das Grundstück eine möglichst hohe Rendite zu erzielen, setzte sich in den Ballungszentren zunehmend die Mietskaserne durch (Abb. 5 und 6). Besondere Terraingesellschaften kauften das Land auf, parzellierten und bebauten es. Hobrechts Verteidigung der Mietskaserne ist stark von harmonistischen Gesellschaftsvorstellungen beherrscht und erwies sich angesichts der wachsenden sozialen Konflikte im 19. Jahrhundert als illusionär. Die Mietskasernen zogen gerade nicht die besser verdienenden Schichten an, sondern wurden die tristen Wohnbezirke der Arbeiterschaft. Schon der Einspruch des Berliner Magistrats wies auf andere Lösungen hin, nämlich auf das Bauland an der Peripherie Berlins. Allerdings war damit auch das Verkehrsproblem aufgeworfen, das seitdem die Stadtplanung immer stärker beschäftigt hat. Für die Masse der Menschen brachten Industrialisierung und Urbanisierung endgültig die Trennung von Wohnort und Arbeitsstätte.

Werner Sombart zeigt mit seinen Untersuchungen ein erschreckendes Bild von den Wohnverhältnissen in den Städten um 1900 (T 3). Zwar hatte sich zu diesem Zeitpunkt die Situation gegenüber der Jahrhundertmitte schon etwas gebessert, aber der Wohnungsbau hatte mit dem raschen Einströmen der Landbevölkerung nicht Schritt halten können. Viele Familien mußten sogenannte Schlafgänger aufnehmen, um die Miete aufbringen zu können. Die Statistiken (Tab. 1) belegen eindeutig, wie ungünstig sich diese Situation in den eng bebauten Mietskasernenbezirken auf die Gesundheit auswirkte und wie stark Wohnung und Miete die Haushaltskasse der Arbeiter belasteten. Bezeichnenderweise sind gerade Mietskasernenbezirke heute wichtige Sanierungsgebiete. Dies wiederum kann am Schluß auch den Blick auf heutige Entwicklungen im Bereich des Wohnungsbaus und des Bodenrechts in den Ballungsgebieten lenken.

4. Neue wirtschaftliche und staatliche Strukturen unter dem Einfluß der Industrialisierung

4.1 Die industriellen Konjunkturen als neue bestimmende Kräfte für Wirtschaft und Politik

Lernziele

1. Kenntnis der konjunkturellen Entwicklung im Deutschen Reich mit ihren jeweiligen Phasen und deren spezifischen Merkmalen.
2. Einsicht, daß im Zuge der Industrialisierung industrielle Konjunkturen zu neuen bestimmenden Kräften für Wirtschaft und Politik werden.
3. Beurteilung der Reaktionen von Wirtschaft („Organisierter Kapitalismus“) und Politik („Interventionsstaat“) auf die industriellen Konjunkturen.
4. Fähigkeit, die langen Wellen der Weltkonjunktur auf ihre Ursachen und Auswirkungen hin zu untersuchen und von daher Perspektiven der heutigen Industriegesellschaft zu diskutieren.

Begriffe

Konjunktur	Gründerjahre (1871–1873)
Expansion	Gründerkrise (1873)
Boom	Organisierter Kapitalismus
Rezession	Konzern
Depression	Kartell
Überproduktionskrisen	Syndikat
	Interventionsstaat
	Kontinentalpolitik
	Imperialismus

Als Einstieg in die Problematik bietet sich die Besprechung der Darstellung „Konjunkturbewegungen im Industriezeitalter“ (Abb. 1) an. Sie soll den Schülern verständlich machen, was industrielle Konjunkturen sind, in welche Phasen sich der Konjunkturverlauf einteilen läßt und welche wirtschaftlichen Konsequenzen die einzelnen Phasen des Konjunkturverlaufs hervorrufen. Die Darstellung zeigt ein Schema des Konjunkturverlaufs, wie er modellhaft als Prozeß reiner Nachfrageschwankungen bei völlig freier Preisbildung an den Gütermärkten und völlig freier Lohnbildung am Arbeitsmarkt verlaufen könnte. Auf den ersten Blick kann man feststellen, daß es sich bei der Konjunktur um eine zyklische Wirtschaftsschwankung handelt, ein Auf und Ab mit fast gesetzmäßiger Regelmäßigkeit.

Desweiteren läßt sich festhalten, daß sich der Konjunkturverlauf in vier Phasen einteilen läßt: einen Aufschwung (Expansion), eine Hochkonjunktur (Boom), einen Abschwung (Rezession) und einen Tiefstand (Krise oder Depression). Die Merkmale einer jeden Phase lassen sich tabellarisch zusammenfassen (siehe Tab. unten).

Nach diesem theoretischen Exkurs über die Konjunkturentwicklung sollen die Schüler anhand der konjunkturellen Entwicklung des Deutschen Reiches (T 1) und an der Graphik „Wachstumszyklus des Deutschen Reiches“ (Abb. 2) ihre gewonnenen Erkenntnisse anwenden. Der Text bietet die Möglichkeit, die konjunkturellen Phasen zeitlich einzugrenzen und ihre besonderen Ausprägungen herauszuarbeiten, wobei die Graphik als Ergänzung miteinbezogen werden sollte.

Der Text des Historikers Kulischer (T 2) bietet die Möglichkeit, den Schülern den Unterschied zwischen den Wirtschaftskrisen „alten“ und „neuen Typs“ vorzustellen. Durch die Erarbeitung der Unterschiede beider Krisentypen am Text unter Einbeziehung der Ergebnisse der Einheit 1.2 (vorindustrielle Krisen) sollte deutlich werden, daß es sich bei den alten Wirtschaftskrisen um Unterproduktionskrisen und bei den neuen industriellen Krisen um Überproduktionskrisen handelt.
Der Auszug aus den Erinnerungen des Ruhrindustriellen F. Grillo (T 3) gibt einen Einblick, wie es zu einer Wirtschaftskrise „neuen Typs“, nämlich der Gründerkrise von 1873, in Deutschland kam. Der Zufluß der 5 Milliarden Goldfrancs der französischen Kriegsentschädigung an das Deutsche Reich begünstigte 1871/73 eine sprunghafte Ausdehnung der Investitionen und brachte eine Überproduktion ohne Rücksicht auf den Markt. Weitere Kennzeichen der Gründerjahre war die Spekulation in Wertpapieren an den Börsen und die sprunghafte Zunahme von Aktiengesellschaften durch die Beseitigung des Konzessionssystems. Die im Frühjahr 1873 einsetzende Gründerkrise markierte das Ende der Gründerjahre.
Antworten auf die Frage nach den Reaktionen von Wirtschaft und Politik auf das Auf und Ab der industriellen Konjunkturen lassen sich aus den Textauszügen T 4 u. 5 gewinnen.

	Expansion	Boom	Rezession	Depression
Löhne	steigend	hoch	gleichbleibend	tief
Preise	steigend	hoch	gleichbleibend	tief
Produktion	steigend	gleichbleibend	sinkend	tief
Absatz	steigend	hoch	sinkend	tief
Arbeitslosenziffer	sinkend	niedrig	steigend	steigend
Aktienkurse	steigend	hoch	sinkend	tief

Der Text der Denkschrift (T 4) macht am Beispiel der Entwicklung der Grundstoffindustrien (Bergbau, Eisenindustrie) des Ruhrgebiets deutlich, daß die Depression der 70er und 80er Jahre einen Konzentrationsprozeß innerhalb der deutschen Wirtschaft hervorrief, der sich in mehrere Stufen zerlegen läßt:

Stufe	Zeit	Formen des Konzentrationsprozesses	Aufgabe/Ziel	Auswirkung
1	80er Jahre des 19. Jhs.	**Horizontale Unternehmenskonzentration** Zusammenschluß mehrerer Unternehmen derselben Produktionsstufe, die rechtlich und in der Produktion selbständig bleiben, zu einer Gesamtunternehmung unter einheitlicher geschäftspolitischer Leitung unter Zusammenfassung, Verpflichtung und Verschränkung des Kapitals (z. B. Gelsenkirchener Bergwerks-Aktiengesellschaft)	– Ausschaltung der Marktschwankungen – Risikostreuung – Vergrößerung der Kapitalbasis – Verbesserung der Produktionsverhältnisse – Sicherung des Absatzes – Streben nach Marktbeherrschung – Streben nach Massenfertigung	– Verringerung der Zahl selbständiger Industriebetriebe – Entstehung von Großkonzernen mit marktbeherrschender Stellung in der jeweiligen Industrieregion – Wettbewerb zwischen Großunternehmen – Trennung von Besitz und Kontrolle – Durch den Zusammenschluß Zunahme der Betriebsgröße, der Erzeugung und der Belegschaft
		Vertikale Unternehmenskonzentration Zusammenschluß technisch vor- und nachgelagerter Produktionsstufen unter den gleichen Prämissen wie bei der horizontalen Unternehmenskonzentration (Beispiel: Hoesch, Krupp, Borsig, Mannesmann, Stinnes)	vgl. die Ausführungen bei der horizontalen Unternehmenskonzentration	
2	seit den 90er Jahren	**Kartell** freiwilliger Zusammenschluß selbständiger Unternehmen des gleichen Produktionszweiges oder der gleichen Produktionsstufe	– Kontingentierung der Produktion eines ganzen Wirtschaftszweiges – Einheitliche Preisregelung – Zusammenfassung des Absatzes – gemeinsames und gleichartiges Verhalten auf dem Markt – Sicherung der Betriebe und Arbeitsplätze, Sicherung der Selbstkosten – Erhöhung und Stabilisierung des Profits der Mitglieder – Verhinderung des Absinkens der Preise – Eroberung ausländischer Märkte mit niedrigen Exportpreisen – Verhinderung von Überproduktionskrisen	– Starker Einfluß der Konzerne in den Kartellen – Monopolistische Marktbeherrschung – Einschränkung des Wettbewerbs im liberalen Sinne – Große unkontrollierte wirtschaftliche Machtkonzentration mit Konsequenzen für den wirtschaftspolitischen und politischen Bereich (z. B. Schutzzölle, Imperialismus)
3	seit den 90er Jahren	**Syndikat** straffste Form des Kartells mit eigener Verkaufsstelle und eigener spezifischer Organisation (Beispiel 1893: Rheinisch-Westfälisches Kohlesyndikat kontingentierte 87% der Revierproduktion)	– Unterwerfung ganzer Produktionszweige unter eine zentrale Direktive – zentrale Regelung der Produktion und des Absatzes	vgl. Ausführung zum Kartell

Anhand des Textes können die Schüler die einzelnen Formen dieses Konzentrationsprozesses, teilweise ihre Aufgaben und Ziele erarbeiten. Dabei sollten jedoch auch deren Auswirkungen mitberücksichtigt werden. Ob diese Vorgänge nun eine adäquate Reaktion auf die industriellen Konjunkturen seitens der Wirtschaft waren, sollte unter Einschluß der Einschätzung des Sozialdemokraten Hilferding (siehe S. 79, Frage 6) diskutiert werden.
Am Text des Historikers H.-U. Wehler (T 5) läßt sich aufzeigen, daß auch für den Staat die wirtschaftlichen Wechsellagen und ihre gesamtgesellschaftlichen Auswirkungen Anlaß waren, auf dem wirtschaftlichen Gebiet zu intervenieren. Der Staat leitete, nach Wehler, ein ganzes Bündel direkter und indirekter Maßnahmen ein, um Einfluß auf den Konjunkturverlauf zu nehmen und damit die Stabilität von Wirtschaft und Gesellschaft zu erhalten. So wurden zugunsten von Landwirtschaft und Schwerindustrie die Schutzzölle wieder eingeführt. Das Konsulatwesen wurde zugunsten der Exportwirtschaft ausgebaut. Sondertarife für die Eisenbahnen und die Kanäle dienten der Ausfuhr von Fertigwaren und der Einfuhr von Rohstoffen. Auch der Imperialismus – ein Entgegenkommen gegenüber den Unternehmen und Banken – gehörte zum Arsenal der Maßnahmen des Staates auf wirtschaftlichem Gebiet. Interessant und diskussionswürdig ist Wehlers Interpretation der Motive für die staatlichen Aktivitäten auf wirtschaftlichem Gebiet damals wie heute.
Daß die neuen industriellen Konjunkturen nicht nur Einfluß auf die wirtschaftlichen, sondern auch auf die außenpolitische Entwicklung des Deutschen Reiches hatte, versucht der Historiker H. Rosenberg nachzuweisen (T 6). Die Erarbeitung der Unterschiede zwischen der Bismarckschen und der Wilhelminischen Außenpolitik und die Diskussion der Erklärungen von H. Rosenberg sollten im Mittelpunkt des Unterrichts stehen.

4.2 Die staatliche Sozialpolitik – staatliche Bemühungen um gesellschaftliche Integration

Lernziele

1. Kenntnis über die Progressivität der Bismarckschen Sozialgesetzgebung und ihre Relativierung durch die gleichzeitige Repression der politischen Arbeiterbewegung mittels Sozialistengesetz.
2. Erarbeitung sowohl der Motive, die der Bismarckschen Sozialgesetzgebung zugrunde lagen als auch der Einzelmaßnahmen, in denen sich die staatlichen Maßnahmen konkretisierten.
3. Fähigkeit zur kritisch-historischen Beurteilung der ambivalenten Züge der Bismarckschen Sozialpolitik

Begriffe

Systemveränderung
Systemstabilisierung
Krankenversicherung (1883)
Unfallversicherung (1884)
Invaliditäts- und Altersversicherung (1889)
Sozialistengesetz (1878)

Den Ausgangspunkt in die grundsätzliche Problematik der Rolle des Staates bei der Lösung der Sozialen Frage bildet der Vergleich der Ansichten des sozialdemokratischen Führers Karl Liebknecht (T 1) mit denen des Reichskanzlers Otto von Bismarck (T 2) zu dieser Frage. Während Liebknecht, den Forderungen und politischen Zielsetzungen der Sozialdemokraten entsprechend (siehe Kap. III. 4, T 6–9), als grundlegende Voraussetzung die demokratische Umformung des bestehenden Gesellschaftssystems (d. h. die Abschaffung der Klassenherrschaft) fordert und Ziele wie Arbeiteremanzipation, Gleichheit, Gerechtigkeit und die Aufhebung des Widerspruchs von Kapital und Arbeit nur in einem sozialistischen Staat verwirklicht und garantiert sieht, stellt Bismarck den Erhalt der Macht- und Besitzverhältnisse als erste Aufgabe des Staates heraus. Dieses Ziel soll zum einen durch eine aktive staatliche Sozialpolitik für die Arbeiterschaft, zum anderen durch Abwehr systemfeindlicher Tendenzen (Sozialismus) mittels legislativer und polizeilicher Maßnahmen erreicht werden.
Das deutliche Herausarbeiten des systemverändernden (Liebknecht) und des systemstabilisierenden (Bismarck) Ansatzes sollte einerseits der immanenten Wiederholung der Ergebnisse der schon behandelten Lösungsversuche zur Sozialen Frage (Kap. III. 4) dienen, andererseits aber auch einen Ansatzpunkt zur Erkenntnis und Beurteilung der Ambivalenz der Bismarckschen Sozialgesetzgebung bieten.
Welch weitblickende und vorbildliche staatliche Sozialpolitik angestrebt wurde, kann an der kaiserlichen Botschaft vom 17. November 1881 (T 3) erarbeitet werden, die gemeinhin als Geburtsstunde der deutschen Sozialpolitik gilt. Darin werden Gesetzesvorlagen zur materiellen Sicherung von gewerblichen Arbeitern bei Unfall, Krankheit, Invalidität und Alter in Aussicht gestellt. Zudem treten aber auch Motivation (staatliches Fürsorgedenken), Umsetzung (Repression der Sozialdemokratie auf der einen Seite, aktive staatliche Sozialpolitik auf der anderen Seite) und Zielsetzung (sozialer Friede) deutlich hervor.
Alle in dieser Botschaft angekündigten Gesetze werden in den folgenden Jahren verabschiedet und in Kraft gesetzt (T 4): Arbeiterkrankenversicherung (1883), Unfallversicherung (1884), Invaliditäts- und Altersversicherung (1889).
Das durch die staatliche Sozialversicherungsgesetzgebung hervorgerufene Dilemma innerhalb der politischen Arbeiterbewegung kann anhand eines Berichts über die innerparteiliche Diskussion über die staatlichen Maßnahmen (T 5) besprochen werden (Ablehnung der Gesetze durch die Parteispitze

der SPD ⇔ Interesse und Annahmebereitschaft bei einer großen Zahl „realpolitisch" praktisch denkender und weniger ideologisch ausgerichteter Arbeiter).

Es sollte jedoch im Unterricht deutlich werden, daß die Bismarcksche Sozialpolitik im Grunde zwei „Geburtsurkunden" hatte. Die andere, neben dem sozialpolitischen Regierungsprogramm von 1881, war das drei Jahre zuvor, am 21. Oktober 1878, verabschiedete Sozialistengesetz, das erst am 30. September 1890 wieder aufgehoben wurde. Am Auszug des Gesetzestextes (T 6) erhalten die Schüler Einblick in die wesentlichen Bestimmungen (Verbot sozialdemokratischer Organisationen, Versammlungen und Presseerzeugnisse) als auch die politische Stoßrichtung des Gesetzes (Zerschlagung der erstarkenden Sozialdemokratie).

Wie beträchtlich die Wirkungen des Gesetzes für die SPD waren, beschreibt ihr damaliger Parteivorsitzender August Bebel sehr eindringlich (T 7). Trotzdem hatte das Sozialistengesetz nicht den gewünschten Erfolg. Dies läßt sich klar an der Entwicklung des SPD-Stimmenanteils bei den Reichstagswahlen während und nach der Zeit des Sozialistengesetzes belegen (Abb. 1). Die Sozialdemokratie blieb danach als politische Kraft erhalten und konnte nach vorübergehender Schwächung eine kontinuierliche Aufwärtsentwicklung verzeichnen, die sie bis 1912 zur stärksten Partei Deutschlands werden ließ.

Somit erhält die besprochene Bismarcksche Sozialpolitik erst vor dem Hintergrund des Sozialistengesetzes ihren eigentlichen Stellenwert. Bismarck suchte die Sozialdemokratie zu vernichten und gleichzeitig die Arbeiter durch seine Sozialpolitik für den Staat zu gewinnen, um die gefährdete konservative Ordnung des Kaiserreiches zu stabilisieren.

Dieser Zusammenhang zwischen Sozialversicherung und Sozialistengesetz, sowohl die politisch-taktische Motivation der Bismarckschen Sozialpolitik als auch die Diskrepanz zwischen politischer Intention und eingetretener Wirkung, sollten unter Einbeziehung der Einschätzungen der Historiker Hans-Ulrich Wehler (T 8a) und Lothar Gall (T 8b) herausgearbeitet, diskutiert und beurteilt werden.

5. Neue Probleme im Zuge weltweiter Industrialisierung

5.1 Industrialisierung und Entwicklungsländer

Lernziele

1. Einsicht in die Bedeutung der Industrialisierung für Europa und in die Bedeutung der weltweiten Verbreitung der Industrialisierung.
2. Fähigkeit, Zusammenhänge von Industrialisierung, Entwicklungsländern und Entwicklungspolitik kritisch zu reflektieren und zu unterschiedlichen Strategien eine eigene, begründete Stellung zu beziehen.

Die letzte Unterrichtseinheit soll vor allem den Blick auf die Probleme der Industrialisierung im weltweiten Maßstab lenken. Dabei geht es weniger um reines Faktenwissen als um die Fähigkeit, rational und begründet gegenüber den sich aus der Industrialisierung ergebenden Problemen einen eigenen Standpunkt und auch eigene Vorstellungen für Handlungsstrategien zu entwickeln.

Den Ausgangspunkt kann die Frage bilden, inwieweit Industrialisierung und die europäische Wissenschaft sich für die Welt negativ oder positiv ausgewirkt haben (T 1). Dabei geht es um die Einordnung in den weltgeschichtlichen Zusammenhang. Es zeigt sich, wie Europa durch die Industrialisierung seine Vorrangstellung ausbauen und seine eigenen ideologischen Vorstellungen in die Welt hinaustragen konnte. Inzwischen wirken viele der durch die Industrialisierung erzeugten Probleme auf Europa zurück, u. a. industrielle Entwicklung der USA und der UdSSR, Nord-Süd-Konflikt, ökologische Probleme im Weltmaßstab. Von daher stellt sich auch die Frage, inwieweit die europäische Industrialisierung überhaupt ein Modell für Entwicklungsländer bieten kann.

Der Wirtschaftshistoriker Klaus Borchardt vertrat in den 60er Jahren die Meinung, daß auch die Entwicklungsländer den Prozeß der Industrialisierung nach dem europäischen Modell durchlaufen müßten (T 2). Aufschlußreich ist bei Borchardt das Zitat von F. J. Fisher, der die Situation Englands im 17./18. Jahrhundert mit der der Entwicklungsländer verglich. Zwar sind die Parallelen zunächst erstaunlich, aber man muß berücksichtigen, daß sich die Rahmenbedingungen durch Rüstung, Umweltzerstörung und durch die Grenzen des Wachstums erheblich verändert haben.

Der schon bei Borchardt auftauchende Gedanke der Destabilisierung durch Erziehung und Wissenschaft kann an einem Text von Landes diskutiert werden (T 3). Landes geht mit der „Religion der Wissenschaft", mit dem Optimismus der Industrialisierung ins Gericht und beklagt vor allem die Übertragung dieser Vorstellung auf die Entwicklungsländer, weil hier Hoffnungen geweckt werden, die nicht erfüllt werden können. In diesem Zusammenhang wird man sowohl auf das Schaubild über die Einkommensverteilung in der Welt mit dem Nord-Süd-Gegensatz (Abb. 2) als auch auf die Bevölkerungsentwicklung (Abb. 3, S. 8) zurückgreifen müssen. Angesichts dieser Probleme scheint eine Lösung nach dem westeuropäischen Modell als wenig aussichtsreich.

Die Politikwissenschaftlerin Gerda Zellentin kritisiert deswegen auch die Entwicklungshilfe mit moderner Großtechnologie und chrakterisiert sie als „Verarmungshilfe" (T 4). Sie lehnt eine bloße Weitergabe und Übertragung westlicher Technologien ab und plädiert für eine an den Grundbedürfnissen der Menschen in den Entwicklungsländern orientierte sanfte Technologie. Inwiefern dies allerdings mit den Interessen der unterschiedlichen Gruppen und Schichten in den Entwicklungsländern selbst in Einklang zu bringen ist, bleibt eine offene Frage.

Man wird diese drei unterschiedlichen Positionen (T 2, T 3, T 4), sowohl im Hinblick auf die dahinterliegenden Interessen als auch auf ihre Realisierungsmöglichkeiten hin zu befragen haben. Wichtig ist dabei auch der Perspektivwechsel, der die Schüler nötigt, „die Welt mit den Augen der anderen zu sehen"[36]. Sicherlich zeigt sich, daß die Entwicklungshilfe der 60er Jahre zum Teil auch nationalen europäischen Industrien diente, andererseits wurde sie aber auch von den herrschenden Gruppen in den Entwicklungsländern gefordert. Immerhin setzt sich zunehmend eine Differenzierung in der Betrachtungsweise durch. Ökologische Gesichtspunkte treten neuerdings deutlich hervor. Dabei stellt sich wiederum – wie im 19. Jahrhundert, jetzt im weltweiten Maßstab – die Frage nach der „gerechten Verteilung" der Güter. Mit der Beantwortung dieser Frage kann man sich aber nicht wie damals lange Zeit lassen, da die Probleme inzwischen ganz andere Dimensionen angenommen haben und nicht zuletzt durch die Rüstungspotentiale der Großmächte den Bestand der Menschheit in Frage zu stellen drohen.

5.2 Möglichkeiten und Grenzen industriellen Wachstums

Lernziele

1. Einsicht in die dem Industrialisierungsprozeß innewohnende Tendenz zu Innovationen und Neuentwicklungen
2. Einsicht in die Problematik historischer Trends und Prognosen
3. Fähigkeit, über die Problematik der Grenzen des Wachstums kritisch zu reflektieren, dazu eine eigene, begründete Stellung zu beziehen und daraus Schlüsse für das eigene Verhalten zu ziehen.

In der abschließenden Unterrichtseinheit geht es vor allem darum, auf die Problematik von Trends und Prognosen einzugehen sowie die Grenzen des Wachstums zu diskutieren. Zuerst muß erarbeitet

werden, daß der Industrialisierungsprozeß immer neue Innovationen und damit auch immer neue „industrielle Revolutionen“ nach sich zieht. Die Beschleunigung der Innovationsperioden läßt sich eindringlich an der Abb. 1 ablesen. Grundlegende neue Wandlungen zeichnen sich vor allem durch Automation und Datenverarbeitung ab, die nicht zu Unrecht unter den Begriff der „zweiten industriellen Revolution“ gefaßt werden. Die Auswirkungen zeigen sich deutlich auf dem Arbeitsmarkt und wirken sich von daher erheblich auf das gesellschaftliche System aus. Hier kann man diskutieren, inwieweit solche technischen Neuerungen notwendig sind, ob sie sich steuern lassen und wie ihre negativen Folgen ausgeglichen werden können.
In diesen Zusammenhang gehört auch die Frage, inwieweit sich die Menschen den neuen Entwicklungen anpassen können oder müssen (T 2). Die von Cipolla aufgeworfene Frage, ob die Industrialisierung einen neuen Menschen erfordert, läßt sich kontrovers diskutieren. Sicherlich sind Mobilität, lebenslanges Lernen und die Fähigkeit zur Kooperation positive Merkmale, die angesichts der Industrialisierung gefördert werden sollten, doch kann es prinzipiell nicht darum gehen, daß nur der Mensch sich jeweils den Maschinen und Einrichtungen anzupassen hat, sondern es muß gerade umgekehrt zu einer Anpassung der Industrie an den Menschen, zu einer Humanisierung der Arbeitswelt kommen.
Der zweite Teil der Unterrichtseinheit beschäftigt sich mit den vieldiskutierten „Grenzen des industriellen Wachstums“. Die Prognosen des Club of Rome müssen im einzelnen vor allem im Hinblick auf die schwindenden Rohstoffe durch neue Daten zum Teil erheblich differenziert werden. Das grundlegende Problem bleibt aber bestehen, daß die Menschheit bei fortschreitender Industrialisierung und Verstädterung an Grenzen stößt. Über die Auswirkungen dieser Einsicht gehen die Aussagen der Politiker, Wirtschaftler und Wissenschaftler weit auseinander. Als unterschiedliche Positionen sind hier die Aussagen des ehemaligen Vorstandsvorsitzenden der Bayer AG Grünewald und des Politikers Eppler herausgehoben worden (T 3b u. T 3c). Während Grünewald auf das „Restrisiko“ hinweist und davon spricht, daß es Aussteiger und protestierende Gruppen im Verlauf des Industrialisierungsprozesses immer wieder gegeben hat, fordert Eppler, daß „technische Weichenstellungen nicht dem Markt und schon gar nicht den am Markt Mächtigen überlassen bleiben können“. Während Grünewald am Wachstum festhält, stellt Eppler die Frage nach dem, was überhaupt wachsen soll. Aber sowohl Eppler als auch Grünewald greifen auf die „Erfahrungen der Geschichte“ zurück, die damit in der Diskussion eine neue, klärende Funktion gewinnen könnte. So kann am Schluß die Frage nach den Lehren, die aus der Geschichte gezogen werden können, stehen. Mit dieser Frage setzt sich auch der Wissenschaftler Eduard Pestel auseinander (T 4). Man wird seiner „Ablehnung einer bloßen mechanischen Fortschreibung der Vergangenheit“ zustimmen können. Gerade die Erforschung der Geschichte erweist oft die Multikausalität und offenbart die Problematik von Prognosen. Auch kann die Geschichte zeigen, daß Abläufe nicht einfach vorherbestimmt, sondern bis zu einem gewissen Grade offen sind. Einschätzungen und Prognosen haben dies zu berücksichtigen.
So erzieht die Beschäftigung mit der Geschichte zu konkretem, differenziertem Denken. Sie kann mithelfen, gerade angesichts weltweiter Veränderungsprozesse den Absolutheitsanspruch mancher gegenwärtiger Vorstellungen und Normen zu relativieren. Geschichte kann vielleicht ein Denken in längerfristigen Zeiträumen anbahnen, das sich mit allzu kurzfristigen Lösungen nicht mehr zufrieden gibt und das die Tatsache berücksichtigt, daß wir auch nach der „Industriellen Revolution“ in einer historisch gewordenen, durch Industrialisierung geprägten Umwelt leben, in der Generationen gearbeitet und gelebt haben und in der noch Generationen werden leben und arbeiten müssen.

IV. Anmerkungen

1 C. M. Cipolla (Hg.), Europäische Wirtschaftsgeschichte, Bd. 3, Die Industrielle Revolution. Stuttgart/New York 1976, S. 1ff.
2 Richtlinien für die gymnasiale Oberstufe in Nordrhein-Westfalen, Geschichte. Hg. Kultusmin. des Landes NRW. Köln 1982, S. 70.
3 Ebenda, S. 16.
4 Ebenda, S. 16f.
5 Nach: Mainzer Studienstufe. Allgemeine Lernziele des Geschichtsunterrichts. Als Mskr. vervielf.; Siehe auch: U. Margedant, Die Attische Demokratie, Lehrerheft. Hirschgraben-Verlag Frankfurt/M. 1981, S. 26f.; zur Quellenarbeit siehe auch: G. Schneider (Hg.), Die Quelle im Geschichtsunterricht. Donauwörth 1975; G. von Staehr, Die Funktion der Quelle für die historische, soziale und politische Erziehungsarbeit im Unterricht. In: K. Bergmann/J. Rüsen (Hg.), Geschichtsdidaktik. Düsseldorf 1978, S. 113–127; H. Pandel, Quellenarbeit, Quelleninterpretation. In: Ebenda, Bd. 2. Düsseldorf 1979, S. 25–30.
6 H. D. Schmid (Hg.), Fragen an die Geschichte, Lehrerbegleitband 1. Hirschgraben-Verlag Frankfurt/M. 1975, S. 8.
7 Siehe dazu auch: J. Rohlfes, Objektivität und Parteilichkeit. In: H. Süssmuth (Hg.), Geschichtsdidaktische Positionen. Paderborn 1980, S. 337–381.
8 K.-H. Beeck, Das Prinzip der Konfrontation im Geschichtsunterricht. In: Geschichte und Geschichtsunterricht. München 1972, S. 36–49.
9 H. de Buhr, Die Entstehung des modernen Staates im Absolutismus. Hirschgraben-Verlag Frankfurt/M. 1977.
10 Richtlinien für die gymnasiale Oberstufe in NRW, a. a. O., S. 77.
11 Zum Gegenwartsbezug siehe: R. Schörken (Hg.), Der Gegenwartsbezug der Geschichte. Stuttgart 1981.
12 Siehe dazu: W. Köllmann, Bevölkerung in der Industriellen Revolution. Göttingen 1974.
13 Zur Bevölkerungsforschung und Bevölkerungspolitik: M. Wingen, Grundlagen der Bevölkerungspolitik. Stuttgart 1975; L. Franke/W. Jürgens (Hg.), Keine Kinder – keine Zukunft? Zum Stand der Bevölkerungsforschung in Europa. Schriftenreihe des Bundesinstituts für Bevölkerungsforschung, Bd. 4. Boppardt 1978.
14 W. Abel, Massenarmut und Hungerkrisen im vorindustriellen Europa. Göttingen 1972, S. 302ff., 399.
15 Zur Holzknappheit: R.-J. Gleitsmann, Rohstoffmangel und Lösungsstrategien. In: Technologie und Politik 16. Hg. F. Duwe; Demokratische und autoritare Technik. Beiträge zu einer anderen Technikgeschichte. Reinbek 1980, S. 104–154.
16 M. Heidelberger/S. Thiessen, Natur und Erfahrung. Reinbek 1981, S. 159ff.; Dazu auch: B. von Greiff, Wissenschaft, Technik und Aufklärung. Zur politischen Philosophie des Fortschritts. In: Technologie und Politik 16.
17 W. Plum, Als in Babel der Zement erfunden wurde. Schöpfungen und Erschöpfungen der Industriegesellschaft. Bonn 1979, S. 39.
18 Ebenda, S. 38.
19 H. Henning, Sozialgeschichtliche Entwicklungen in Deutschland von 1815–1860. Paderborn 1977, S. 28ff.; Zur Bauernbefreiung: C. Dipper, Die Bauernbefreiung in Deutschland. Stuttgart 1980.
20 Ebenda, S. 38.
21 H. Aubin/W. Zorn (Hg.), Handbuch der deutschen Wirtschafts- und Sozialgeschichte, Bd. 2. Stuttgart 1976, S. 243; Siehe auch: H.-U. Wehler, Modernisierungstheorie und Geschichte. Göttingen 1975.
22 F. W. Putzger, Historischer Weltatlas. CVK Berlin ^{100} 1979; Großer Historischer Weltatlas, Teil III. München 1970, S. 147.
23 Dazu: S. Pollard (Hg.), Region und Industrialisierung. Göttingen 1980; J. Reulecke, Nachzügler und Pionier zugleich. Das Bergische Land und der Beginn der Industrialisierung. In: Ebenda, S. 52–68.
24 H. Aubin/W. Zorn (Hg.), Handbuch der deutschen Wirtschafts- und Sozialgeschichte, Bd. 2. a. a. O., S. 436ff. und 611ff.
25 R. Dahrendorf, Gesellschaft und Demokratie in Deutschland. München 1966, S. 44ff. und 157.
26 Ebenda, S. 53.
27 W. Conze, Vom „Pöbel" zum „Proletariat". In: H.-U. Wehler (Hg.), Moderne deutsche Sozialgeschichte. Köln 1976, S. 111–136.
28 Zur Kinderarbeit: S. Quandt (Hg.), Kinderarbeit und Kinderschutz in Deutschland 1783–1976. Paderborn 1978.
29 H.-J. Teuteberg, Wie ernährten sich die Arbeiter im Kaiserreich. In: W. Conze/U. Engelhardt (Hg.), Arbeiterexistenz im 19. Jh. Stuttgart 1981, S. 57–73; L. Schneider, Der Arbeiterhaushalt im 18. und 19. Jh.. Berlin 1967; P. N. Stearns, Arbeiterleben, Industriearbeit und Alltag in Europa 1890–1914. Frankfurt/M. 1980.
30 G. Brackelmann, Die Soziale Frage des 19. Jhs. Witten ^{4}1971, S. 39ff.
31 Zur Entwicklung der Sozialdemokratie: D. Lehnert, Sozialdemokratie zwischen Protestbewegung und Regierungspartei 1848–1983. Frankfurt/M. 1983; Zur Geschichte der Sozialpolitik: V. Hentschel, Geschichte der deutschen Sozialpolitik 1880–1980. Frankfurt/M. 1983; F. Tennstedt, Sozialgeschichte der Sozialpolitik in Deutschland. Göttingen 1981.
32 W. Köllmann, Bevölkerung in der Industriellen Revolution, a. a. O.
33 H. Aubin/W. Zorn (Hg.), Handbuch der deutschen Wirtschafts- und Sozialgeschichte, Bd. 2. a. a. O., S. 627ff.
34 Zur Stadtentwicklung im 19. Jh.: J. Reulecke (Hg.), Die deutsche Stadt im Industriezeitalter. Wuppertal 1978; H.-J. Teuteberg (Hg.), Urbanisierung im 19. und 20. Jh. Köln/Wien 1983; H. de Buhr, Die Verstädterung Deutschlands im 19. Jh. und ihre Behandlung im Unterricht. In: Anregungen. Zeitschrift für Gymnasialpädagogik, H. 6, 1978, S. 375–385.
35 Zur Stadtentwicklung Berlins: I. Thienel, Städtewachstum im Industrialisierungsprozeß des 19. Jhs. Berlin 1973; M. Hecker, Die Berliner Mietskaserne. In: L. Grote (Hg.), Die deutsche Stadt im 19. Jh. Stadtplanung und Baugestaltung im industriellen Zeitalter. München 1973, S. 273–294.
36 R. Schörken, Geschichtsunterricht in einer kleiner werdenden Welt. In: H. Süssmuth (Hg.), Geschichtsdidaktische Positionen, a. a. O., S. 327.